누구나 쉽게 따라 하는
니트
손뜨개

일러두기

· 실의 색상은 각 브랜드마다 표현 방법이 다릅니다.
 해당 브랜드에서 실을 구입할 경우를 고려하여 원서 그대로의 색상 명으로 번역했습니다.
· 이 책의 도안은 모두 배색뜨기로 제작되었습니다.
 배색뜨기를 할 때 2가지 색 실을 끊지 않고 끝까지 쭉 뜨는 것을 스트랜디드stranded 배색뜨기라고 합니다.
 이를 일본에서는 실을 가로로 걸치는 방법이라고 표현하며, 본 책에서는 더 흔히 사용되는 표현인 '가로 배색뜨기'라고 표기했습니다.
 또한 중간에 각 실을 끊어 걸쳐 뜨는 방법은 인타르시아intarsia 배색뜨기라고 하며, 일본에서는 세로로 걸쳐 뜨는 방법이라고 표현합니다.
 본 책에서는 더 흔히 사용되는 표현인 '세로 배색뜨기'라고 표기했습니다.

Lady Boutique Series No. 4913
Mainichi no gokigen knit
Copyright ⓒ 2019 by BOUTIQUE-SHA, INC.
All rights reserved.
First published in Japan in 2019 by BOUTIQUE-SHA, INC., Tokyo
Korean translation rights arranged with BOUTIQUE-SHA, INC,
through Shinwon Agency Co., Seoul

이 책의 한국어판 저작권은 신원 에이전시를 통해 저작권자와 독점 계약을 맺은 (주)시공사에 있습니다.
저작권법에 의해 한국 내에서 보호를 받는 저작물이므로 무단전재와 무단복제를 금합니다.

누구나 쉽게 따라 하는

니트
손뜨개

스웨터, 조끼, 카디건, 가방까지
기분 좋은 하루를 만드는
나만의 손뜨개 니트

도카이 에리카 지음
방현희 옮김

미호

Introduction

매일 똑같은 평범한 옷장에 손뜨개 소품을 더해보면 어떨까요? 마음에 드는

무늬를 떠 넣은 옷을 입으면 무료한 일상도 조금은 즐거워질 거예요.

좋아하는 손뜨개 니트나 목도리를 두르고 외출을 하기도 하고,

손뜨개 실내화를 신고 따뜻하고 포근한 시간을 보내기도 하고…

그렇게 매일 기분 좋은 하루가 되었으면 하는 바람으로 이 책을

만들었습니다.

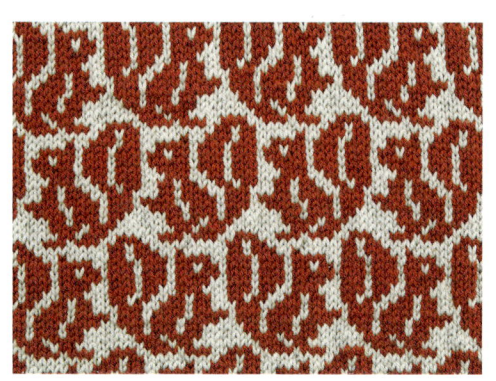

저는 예전부터 손뜨개는 즐거워야 한다고 생각했어요.

뜨개질을 할 때도, 그리고 그 니트를 입을 때도

즐거웠으면 좋겠다는 마음.

그런 생각으로 뜨개질을 하다 보니

이 책에 실린 작품들이 탄생했답니다.

좋아하는 동물, 맛있는 음식, 일상에서 마주하게 되는 것들…

그런 가슴 설레는 것들을 니트 손뜨개 안에

가득 담아보았어요.

이 책에 실린 작품은 모두 배색뜨기 작품이에요.

실을 바꿔서 뜨기도 하고, 실을 걸쳐서 뜨기도 하기 때문에

조금은 번거롭기도 하지만, 조금씩 무늬가 완성되어가는

과정이 굉장히 즐거워요.

천천히 정성을 들여 나만의 니트를 만들어보세요.

도카이 에리카

Contents

1　백곰 풀오버 p.8

2　꽃무늬 풀오버 p.10

3　집 무늬 조끼 p.12

4　집 무늬 암워머 p.14

5　고양이 가방 p.16

6　레몬 무늬 가방 p.18

7　백조 풀오버 p.20

8　다람쥐 무늬 넥워머 p.22

9　다람쥐 무늬 조끼 p.24

10　카무플라주 무늬 풀오버 p.26

11　카무플라주 무늬 목도리 p.27

12　쇼트케이크 풀오버 p.28

13　쇼트케이크 포셰트 p.30

14　고양이 실내화 p.31

15　가면올빼미 목도리 p.32

16　페르시아고양이 조끼 p.34

17　코뿔소 무늬 카디건 p.36

뜨개질을 시작하기 전에 p.90

기초 테크닉 p.91

No. 1

백곰 풀오버

백곰은 저의 작품에 자주 등장하는 모티브예요. 화사한 파란색 안에 역동성이 느껴지는 백곰을 떠 넣었어요. 입었을 때 백곰의 뒷다리가 등 쪽으로 살짝 나오는 것이 포인트랍니다.

HOW TO MAKE / P.38
YARN / 퍼피 유리카 모헤어
퍼피 브리티시 에로이카

잠에서 갓 깨어난 몸을
부드럽게 감싸주는
모헤어의 감촉.
백곰의 하얀 털이
마치 창밖에 소복이 쌓인 눈 같다.

a

No. 2

꽃무늬 풀오버

같은 무늬지만 a는 시크하게, b는 컬러풀하게 떠보았어요. 꽃무늬는 자칫 어린 소녀 같은 인상을 줄 수 있어서 바탕실로 차분한 색감의 모헤어와 소박한 트위드를 선택했어요. 무슨 꽃인지는 여러분의 상상에 맡길게요.

HOW TO MAKE / P.42
YARN / a.퍼피 유리카 모헤어
b.퍼피 소프트 도니골
퍼피 브리티시 에로이카
퍼피 유리카 모헤어

움직임이 많은 날에는
소매가 없는 조끼가 안성맞춤.
마당에 열린 사과를 따다가
바구니에 가득 담아
이웃과 나누어 먹기.

No. 3

집 무늬 조끼

언뜻 보면 기하학무늬처럼 보이지만 사실은 집 모양이에요. 가는 실을 사용하기 때문에 뜨는 시간은 조금 더 걸리지만 그만큼 얇고, 가볍고, 포근하게 완성된답니다.

HOW TO MAKE / P.48
YARN / 퍼피 브리티시 파인

집 무늬 암워머

No.3의 조끼와 같은 무늬를 원통뜨기로 떠서 암워머를 만들었어요.
손가락을 자유롭게 움직일 수 있어서 실외뿐 아니라 실내에서도 편리하답니다. 포인트로 창문을 원하는 위치에 수놓아보세요.

HOW TO MAKE / P.54
YARN / 퍼피 브리티시 파인

No. 4

No. 5

a

b

c

16

고양이 가방

각각 다른 3종류의 고양이를 떠 넣은 가방이에요. 실 2겹으로 뜨기 때문에 순식간에 완성할 수 있어요. 살짝 보이는 안감 천도 바깥쪽 색과 잘 어울리는 산뜻한 색으로 골라보세요.

HOW TO MAKE / P.55
YARN / DARUMA 메리노 스타일 병태사
DARUMA 원모에 가까운 메리노 울
DARUMA LOOP(6만)

레몬 무늬 가방

레몬의 청량감과 털실의 따스함이 신선한 느낌을 주는 조합이에요. 레몬은 부분적으로 모헤어로 떠서 변화를 주어 입체감을 살렸어요. 어떤 의상에든 포인트가 될 것 같아요.

HOW TO MAKE / P.58
YARN / 퍼피 브리티시 에로이카
　　　　퍼피 유리카 모헤어

한쪽 어깨에 가방을 메고
파인더로 들여다보는 거리.
상큼하고 달콤했던
옛 추억이 되살아난다.

No. 6

백조 풀오버

예쁜 민트 그린색 바탕에 하얀 백조가 두둥실 떠 있는 풀오버. 백조의 깃털은 마무리할 때 돗바늘로 훑어주면 봉긋해져요. 여유 있게 입을 수 있는 사이즈예요.

HOW TO MAKE / P.60
YARN / 퍼피 퀸 아니
　　　　 리치 모어 ELK

No. 7

No. 8

다람쥐 무늬 넥워머

전통 무늬 패턴처럼 보이지만 다람쥐 무늬를 떠 넣은 넥워머예요. 실을 가로로 걸치는 방법으로 배색해서 보온성도 탁월하답니다. 원통뜨기로 뜨기 때문에 꿰매 이어줄 필요가 없어서 빨리 뜰 수 있어요.

HOW TO MAKE / P.64
YARN / Brooklyn Tweed ARBOR(amirisu)

가을 정취가 물씬 풍기는
도토리색 손뜨개 조끼.
입으면 마치 단풍에 물든
기분이 든다.
나뭇가지 끝을 올려다보니
나뭇잎 사이로 반짝이는 햇살
속에서 다람쥐가 보인다.

No. 9

다람쥐 무늬 조끼

No.8과 같은 다람쥐 무늬로 뜬 조끼예요. 목둘레단은 평면뜨기로 뜨고, 가운데 부분을 겹쳐 꿰매서 마무리했어요. '옛날 책에 이런 디자인의 니트가 있었지….' 하는 추억을 떠올리면서 만들어보았어요.

HOW TO MAKE / P.65
YARN / Brooklyn Tweed ARBOR(amirisu)

No. 10

카무플라주 무늬 풀오버

카무플라주 무늬는 강한 인상을 주지만, 털실로 뜨면 또 다른 느낌이 든답니다. 부분적으로 퍼를 사용해서 부드러운 인상을 주고, 마무리로 스팽글을 달아 재미를 더해보았어요.

HOW TO MAKE / P.68
YARN / 퍼피 브리티시 에로이카
　　　　 퍼피 프리미티보

No. 11

카무플라주 무늬 목도리

No.10과 무늬가 같은 긴 목도리예요. 두 겹으로 만들어서 가볍고 포근하고 따뜻해요. 두툼하게 둘둘 말아주면 예쁘답니다.

HOW TO MAKE / P.72
YARN / 퍼피 유리카 모헤어
　　　　퍼피 브리티시 에로이카
　　　　퍼피 프리미티보

쇼트케이크 풀오버

요즘 귀엽고 맛있는 것을 뜨는 것에 푹 빠져 있어요. 예전부터 떠보고 싶었던 쇼트케이크를 과감하게 풀오버에 떠 넣었어요. 점점이 박혀있는 딸기 씨와 크림은 자수를 놓아 질감을 살려주었어요.

HOW TO MAKE / P.74
YARN / 퍼피 퀸 아니
　　　　퍼피 미루아르〈페를〉

No. 12

쇼트케이크 포셰트

No.12와 같은 쇼트케이크 도안을 사용해 개성 만점 포셰트를 만들었어요. 푸른색 실이 빨간 딸기를 더욱 돋보이게 하네요. 안주머니로는 빨간 깅엄 체크 천을 사용했어요.

HOW TO MAKE / P.78
YARN / 퍼피 퀸 아니
퍼피 미루아르 〈페를〉

No. 13

No. 14

고양이 실내화

집 안에 있다가 문득 발 밑을 보았을 때 고양이가 보이면 재미있지 않을까? 그런 생각에 만들어보았어요. 겉면을 돗바늘로 부드럽게 훑어주면 폭신한 느낌을 한층 더 살릴 수 있어요.

HOW TO MAKE / P.80
YARN / 리치 모어 ELK
　　　　리치모어 퍼센트

가면올빼미 목도리

가면올빼미를 모티브로 만든 개성 넘치는 목도리예요. 목도리 부분은 삼각 무늬, 지그재그 무늬, 블록 무늬 3가지 무늬를 번갈아 떴어요. 가벼운 실을 사용해서 길이가 길어도 포근하고 가볍답니다.

HOW TO MAKE / P.84
YARN / DARUMA 울 모헤어
　　　　 DARUMA 원모에 가까운 메리노 울
　　　　 DARUMA LOOP
　　　　 DARUMA 스프라우트
　　　　 DARUMA 수방적풍 탬사
　　　　 DARUMA 페이크 퍼

No. 15

흰 눈으로 뒤덮인 산에서 만난
그때 그 올빼미.
그 모습을 생각하며
조금씩 뜨다 보니
긴 목도리가 되었다.

페르시아고양이 조끼

기장이 살짝 긴 조끼에 털이 긴 페르시아고양이 무늬를 떠 넣었어요. 퍼 부분은 겉면에서 돗바늘로 부드럽게 훑어주면 한층 더 복슬복슬해져요. 바탕은 예쁜 라벤더색 실을 사용했어요.

HOW TO MAKE / P.81
YARN / 퍼피 퀸 아니
　　　　퍼피 프리미티보

No. *16*

예전에 집에서 키웠던 고양이.
자주 이렇게
귀를 쫑긋 잡아당기며 같이
놀았었지.

No. 17

코뿔소 무늬 카디건

강하고 용맹스러운 인상을 주는 코뿔소를 분홍색 모헤어 안에 귀여운 분위기로 떠 넣었어요. 코뿔소 부분에는 반짝이는 금사도 섞어주었답니다. 무늬가 가려지지 않도록 투명한 단추를 선택하는 것이 좋아요.

HOW TO MAKE / P.86
YARN / 퍼피 유리카 모헤어
　　　　퍼피 키드 모헤어 파인
　　　　퍼피 미루아르 〈페를〉

8, 9쪽 1

[실]

퍼피 유리카 모헤어
파란색(304) 225g
흰색(301) 10g

퍼피 브리티시 에로이카
흰색(125) 20g
아이보리(134) 10g
베이지(143) 10g
그레이(173) 5g
차콜(159) 3g

[도구]
막힘 대바늘 2개 세트 9호, 7호
대바늘 4개 세트 7호
코바늘 9/0호(어깨 잇기용)

[게이지](10×10cm)
메리야스뜨기, 배색무늬뜨기 15코 20단

[완성 치수]
가슴둘레 106cm, 기장 56cm, 등솔기~소매 끝 길이 77cm

[뜨는 방법]

1. 일반적인 시작코를 만들고 1코 고무뜨기, 배색무늬뜨기로 뒤판, 앞판을 뜬다.
※ 배색무늬뜨기는 세로 배색뜨기로 뜬다.
2. 뒤판, 앞판에 자수를 놓는다.
3. 일반적인 시작코를 만들고 1코 고무뜨기, 메리야스뜨기로 소매를 뜬다.
4. 어깨는 코바늘을 이용해 빼뜨기로 잇는다.
5. 목둘레는 원형으로 1코 고무뜨기하고, 덮어씌워 코막음을 한다.
6. 소매를 코와 단 잇기로 몸판에 달아준다.
7. 몸판 옆선, 소매 옆선을 떠서 꿰매기로 잇는다.

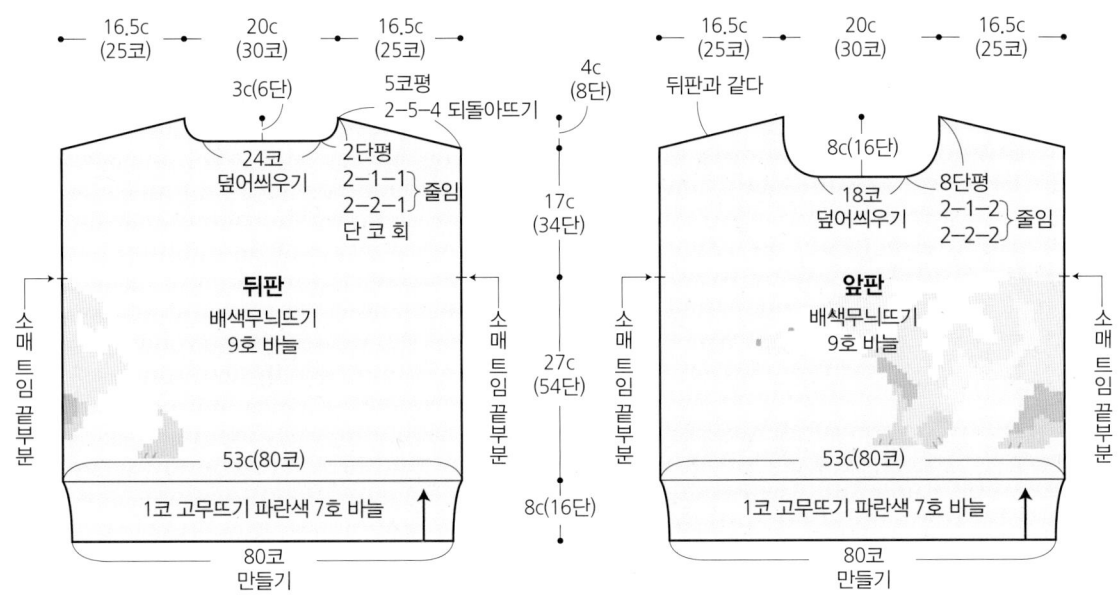

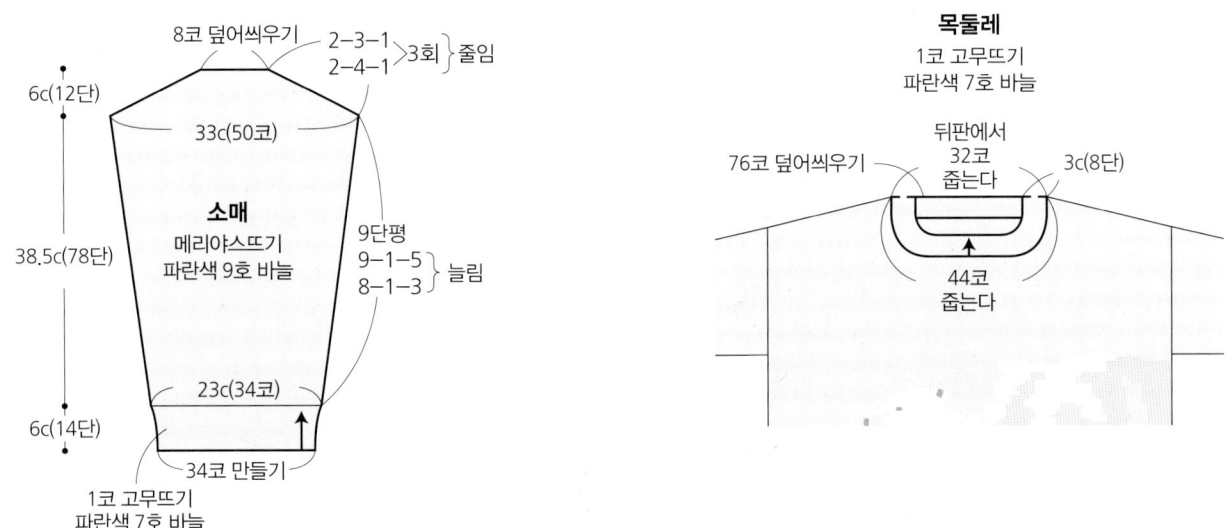

목둘레 뜨개 도안

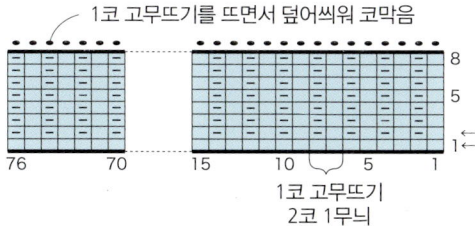

소매 뜨개 도안

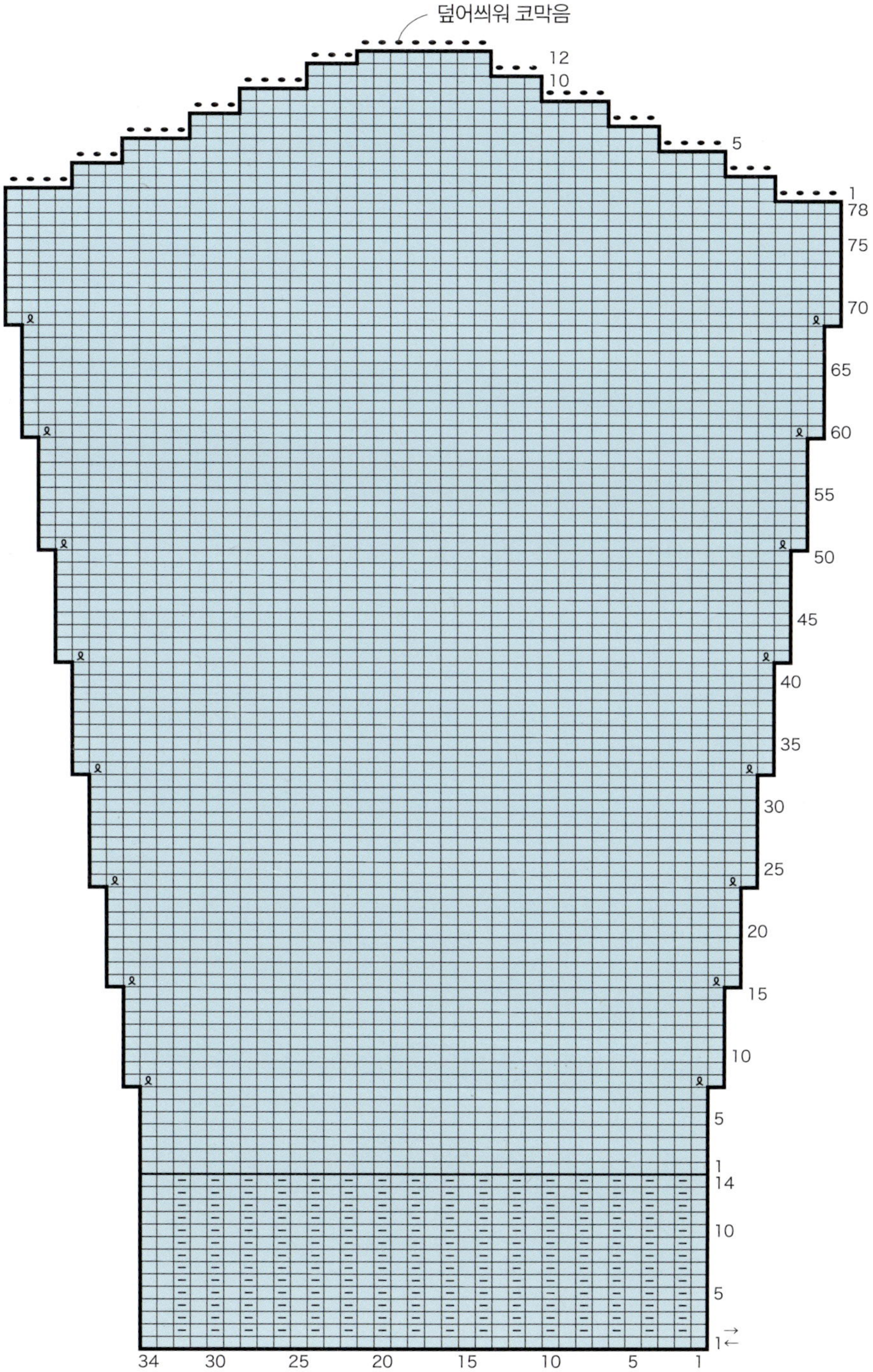

※ 다음 쪽에 계속.

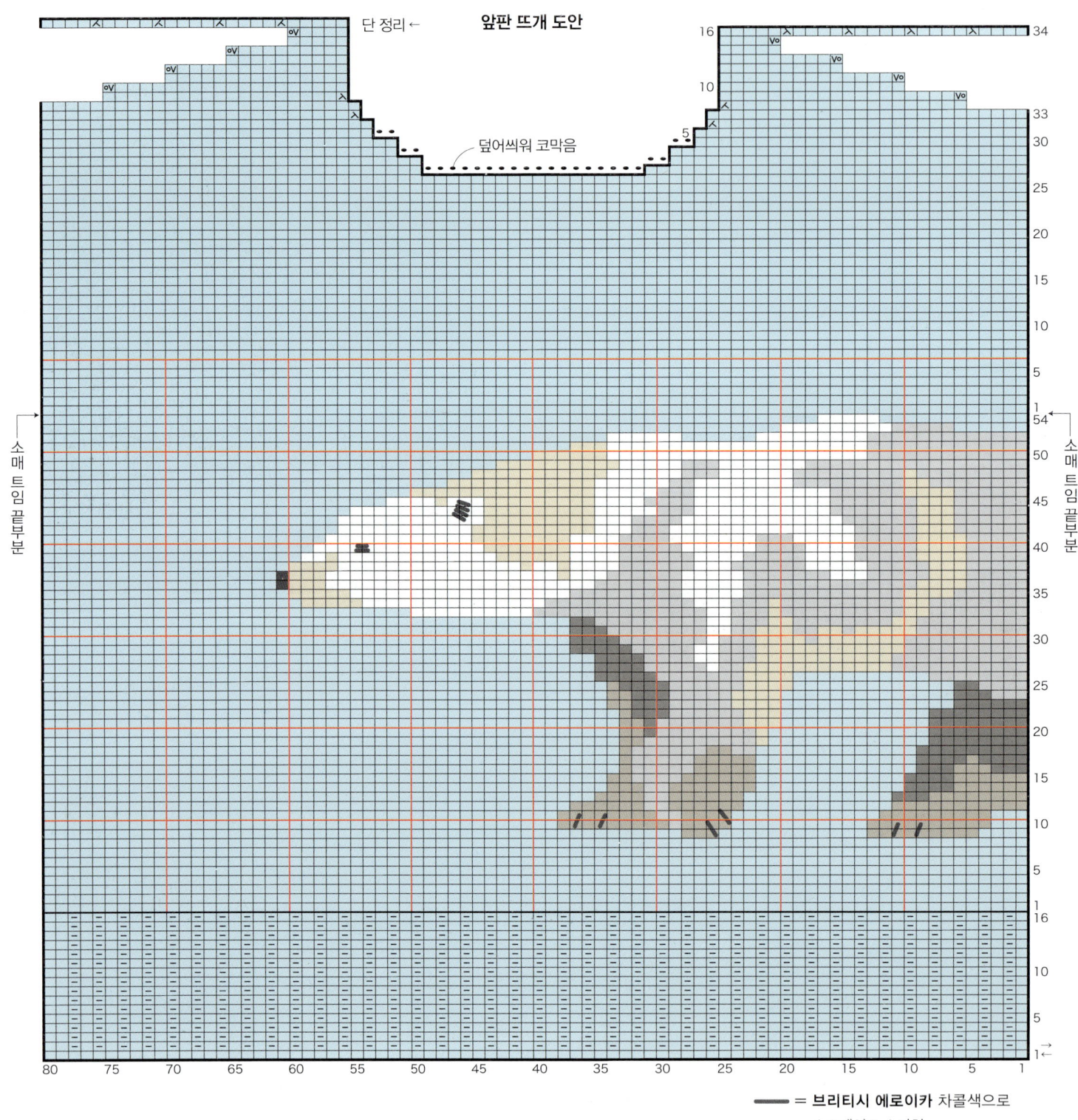

뒤판 뜨개 도안

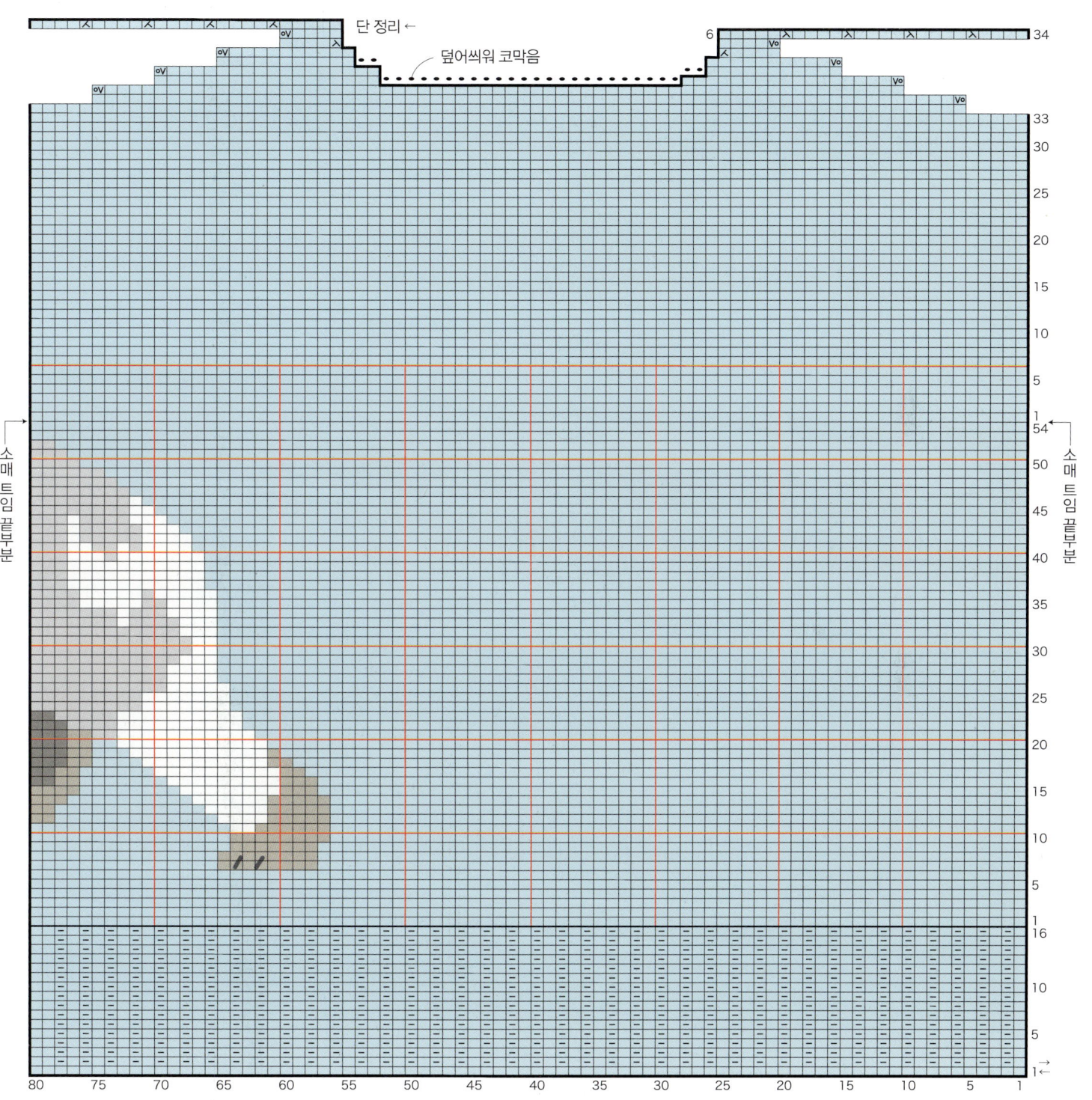

10, 11쪽 2

〔실〕

a
퍼피 유리카 모헤어
다크 그레이(308) 255g
베이지(302) 45g

b
퍼피 소프트 도니골
라이트 그레이(5229) 400g
퍼피 브리티시 에로이카
가닛(168) 20g
감색(101) 15g
피콕 그린(184) 15g
그래스 그린(197) 15g
오렌지(186) 8g
브라운(161) 5g
퍼피 유리카 모헤어
노란색(306) 5g
파란색(304) 8g

〔도구〕
막힘 대바늘 2개 세트 9호, 7호
대바늘 4개 세트 7호
코바늘 9/0호(어깨, 소매 잇기용)

〔게이지〕(10×10cm)
메리야스뜨기, 배색무늬뜨기
a 15코 20단
b 16코 24단

파란색 글씨 = **a**
빨간색 글씨 = **b**
검은색 글씨 = 공통

〔완성 치수〕
a 가슴둘레 111cm, 어깨너비 44.5cm, 기장 62cm, 소매 길이 53cm
b 가슴둘레 104cm, 어깨너비 42cm, 기장 57.5cm, 소매 길이 49.5cm

〔뜨는 방법〕
1. 일반적인 시작코를 만들어 a는 1코 고무뜨기, b는 무늬뜨기로 밑단을 뜨고, 이어서 배색 무늬뜨기로 뒤판, 앞판을 뜬다.
2. 일반적인 시작코를 만들어 a는 1코 고무뜨기, b는 무늬뜨기로 소맷단을 뜨고, 배색무늬 뜨기로 왼쪽 소매를, 메리야스뜨기로 오른쪽 소매를 뜬다.
※배색무늬뜨기는 세로 배색뜨기로 뜬다.
3. 어깨는 코바늘을 이용해 빼뜨기로 잇는다.
4. 몸판 옆선, 소매 옆선을 떠서 꿰매기로 잇는다.
5. 목둘레를 a는 1코 고무뜨기, b는 무늬뜨기로 원통으로 뜨고, 덮어씌워 코막음을 한다.
6. 소매를 코바늘을 이용해 빼뜨기로 몸판에 연결한다.

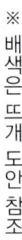
※ 배색은 뜨개 도안 참조.

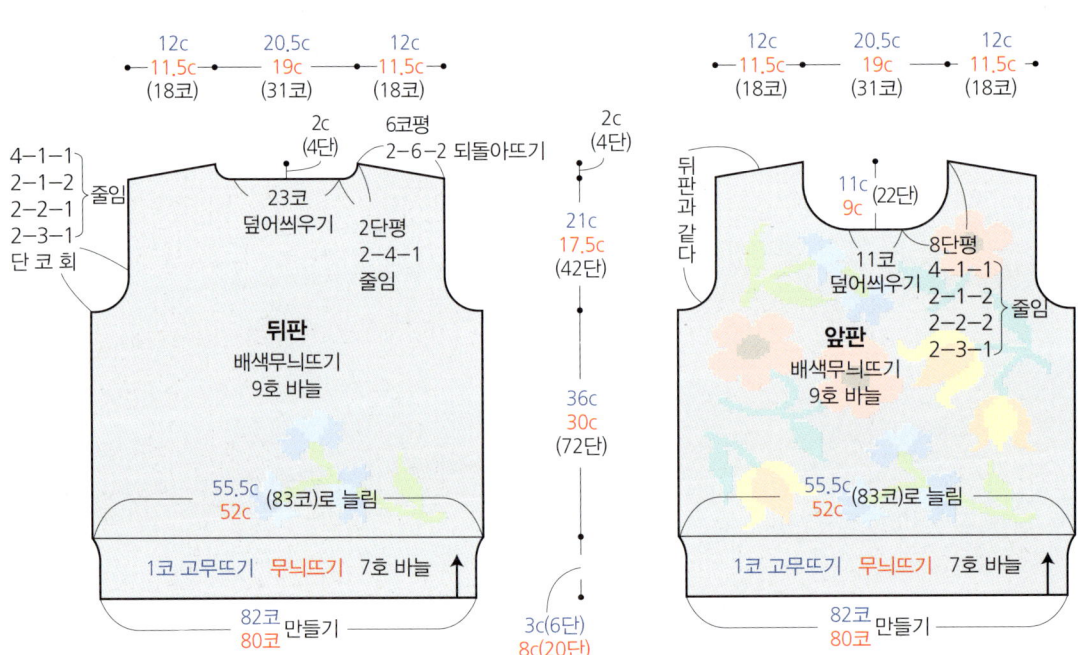

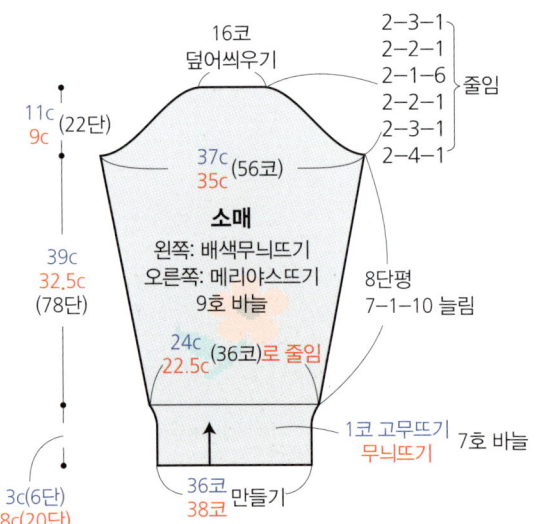

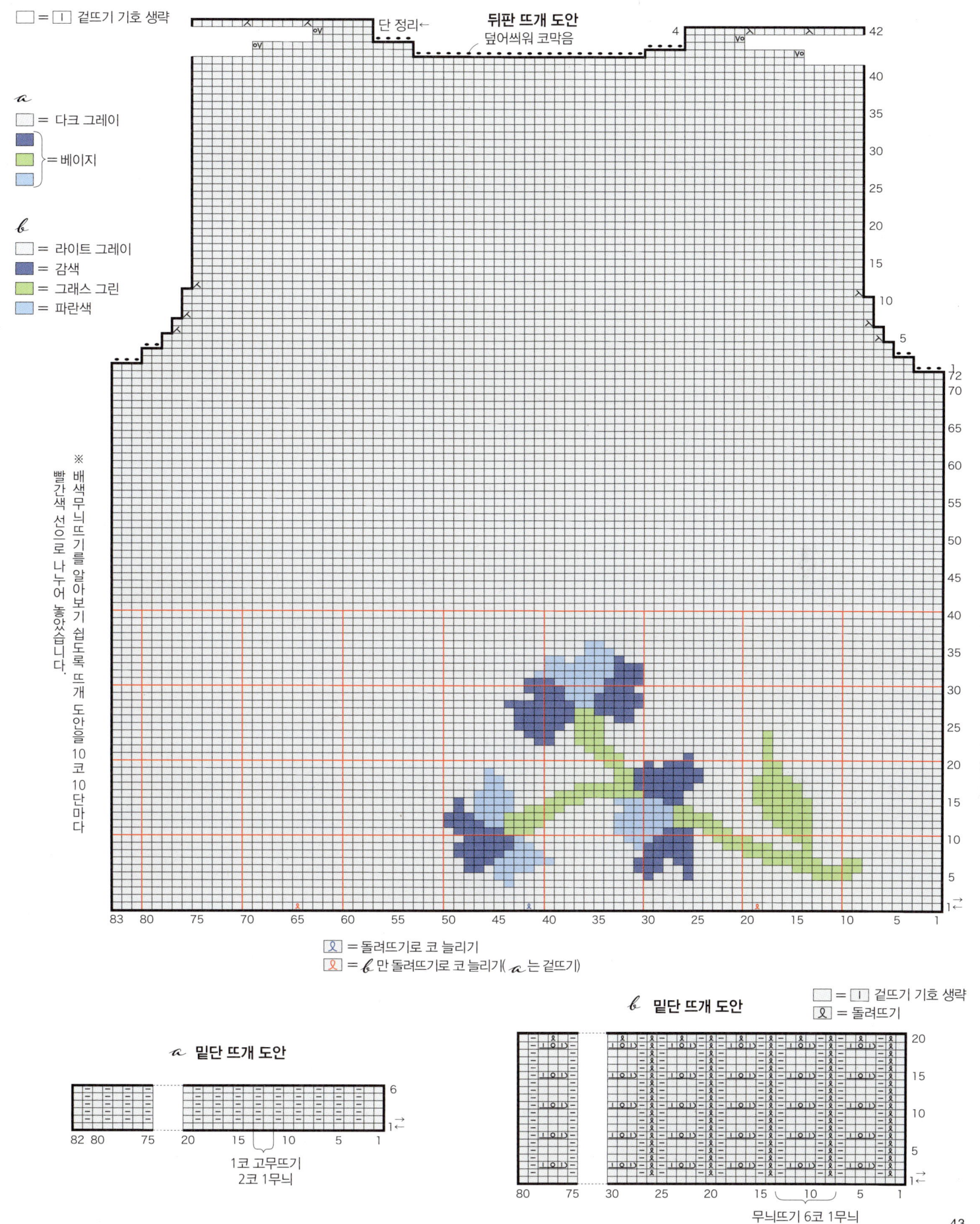

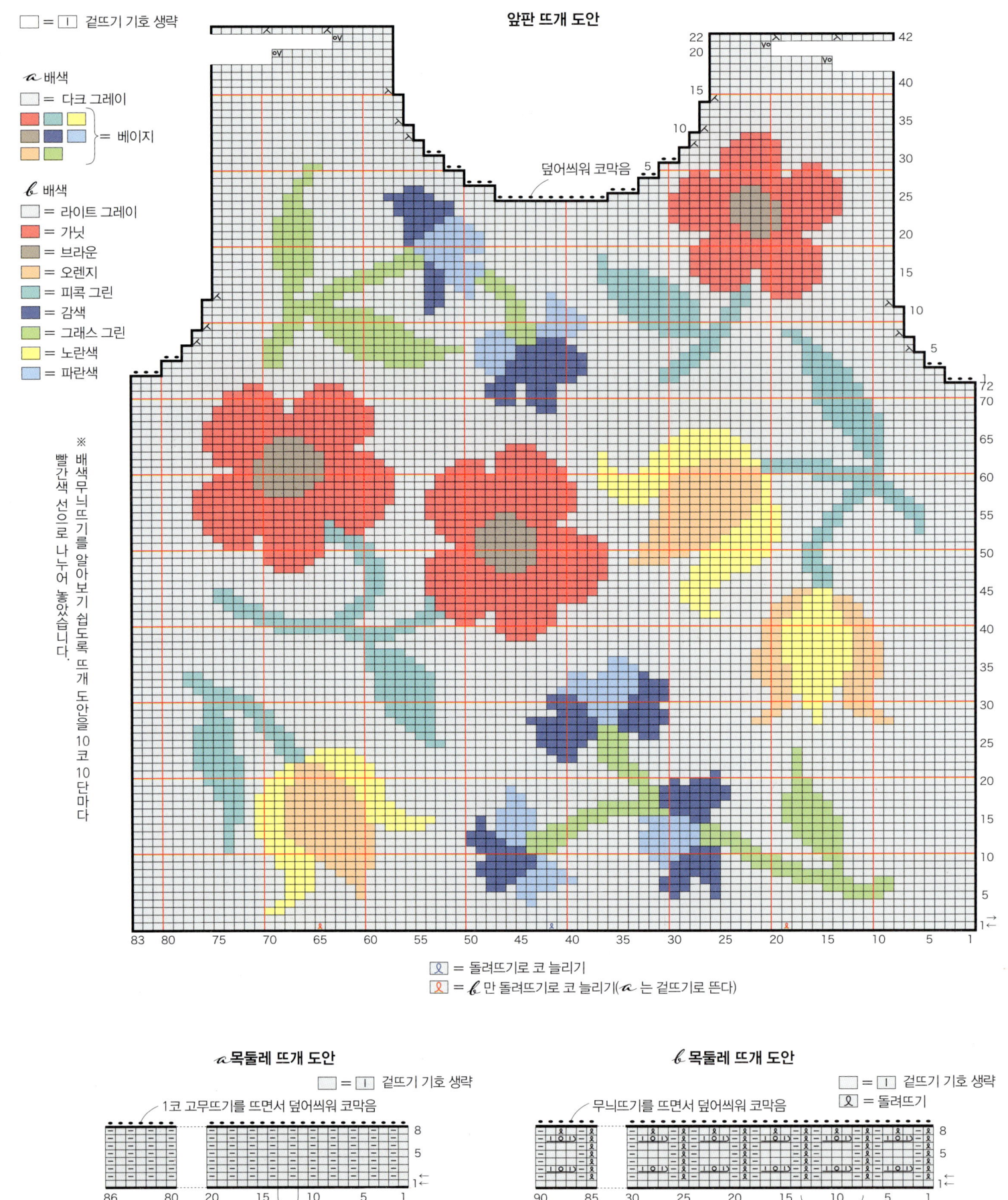

소매 뜨개 도안

□ = ① 겉뜨기 기호 생략
⑨ = 돌려뜨기로 코 늘리기
⑨ = 돌려뜨기

왼쪽 소매 배색
a
□ = 다크 그레이
■ ■ ■ = 베이지
b
□ = 라이트 그레이
■ = 가닛
■ = 브라운
■ = 피콕 그린

※ 왼쪽 소매는 모두
 a = 다크 그레이
 b = 라이트 그레이
단색으로 뜬다.

덮어씌워 코막음

b 만 2코 모아뜨기로 뜬다
(*a* 는 겉뜨기로 뜬다)

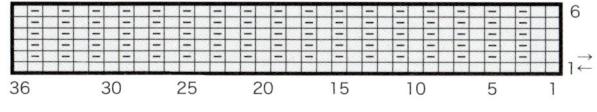

a 소맷단 뜨개 도안

※ 다음 쪽에 계속.

b 소맷단 뜨개 도안

소매 첫째 단 줄임코 위치

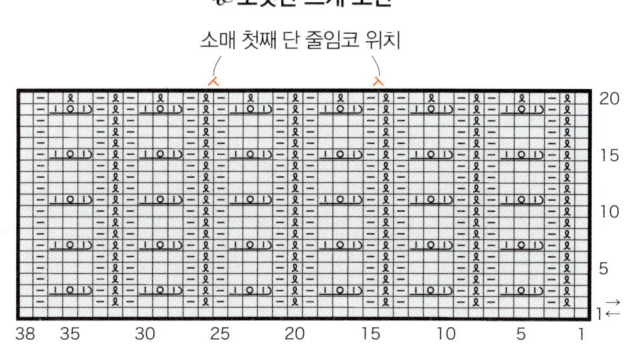

배색무늬뜨기 (<u>세로</u> 배색뜨기) 뜨는 방법

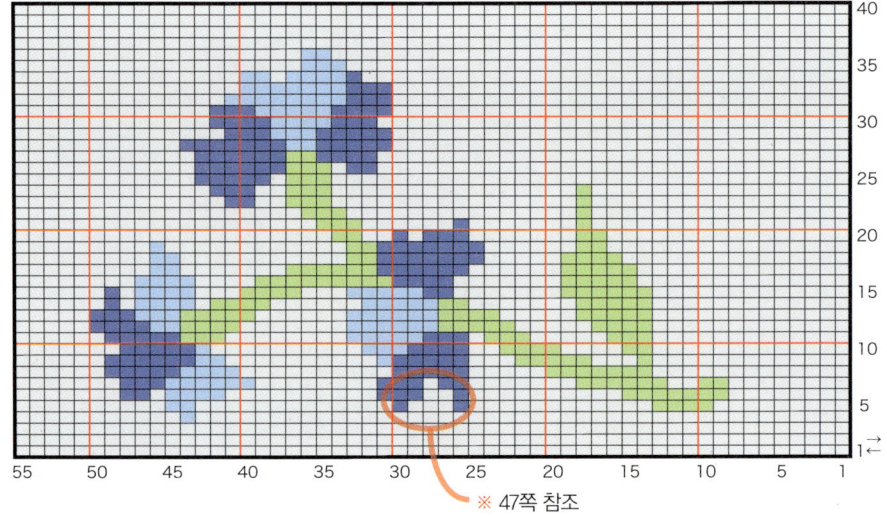

☐ = Ⅰ 겉뜨기 기호 생략

☐ = 라이트 그레이
☐ = 감색
☐ = 그래스 그린
☐ = 파란색

※ 알아보기 쉽도록 뜨개 도안을 10코 10단마다 빨간색 선으로 나누어 놓았습니다.

※ 47쪽 참조

(4 단)

실타래 만드는 방법

1 / 색을 바꾸기 전 코까지 뜬 다음, 지금까지 뜨던 실(라이트 그레이)로 실타래를 만들고, 그대로 쉬어둔다.

1

사진처럼 실을 엄지에 건다.

2
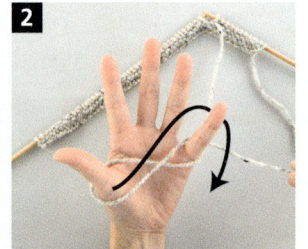
8자를 그리듯이 새끼손가락에 건다.

3

1~2를 반복하여 20~30회 감은 다음 실을 자른다.

4
자른 실을 가운데 부분에 2~3회 감아준다.

5

왼손에서 실을 빼내고, 실 끝을 가운데 부분의 안쪽으로 넣어 빼낸 다음 잡아당겨 조여준다.

6

실타래가 완성된 모습.

2 / 파란색으로 1코 뜨고, 1과 같은 방법으로 실타래를 만들어 쉬어둔다.

3 / 나머지 코를 새로운 라이트 그레이색 실타래로 뜬다. 4단까지 뜬 모습.

(5단)

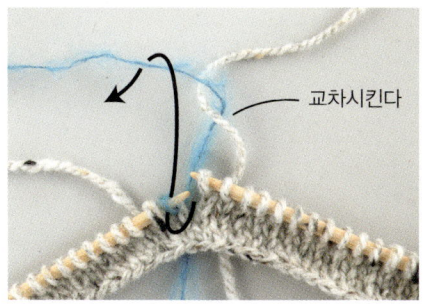

1 / 뜨개 도안을 참고하여 4단과 같은 방법으로 색을 바꿀 때마다 실타래를 만든다.

2 / 이미 만들어 놓은 실타래의 색으로 바꿀 때는 사진처럼 지금까지 뜨던 실과 교차시킨 다음 겉뜨기한다.

(6단)

1 / 안쪽을 보며 뜨는 단에서 색을 바꿀 때도 사진처럼 지금까지 뜨던 실과 그 다음 뜰 실을 교차시킨 다음 안뜨기한다.

2 / 6단까지 뜬 모습.

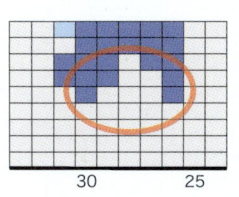

※ 이 작품의 배색무늬뜨기는 기본적으로는 모두 '세로 배색뜨기'로 뜨지만, 왼쪽 도안의 ◯ 안쪽처럼 실을 걸치는 콧수가 적고 점점 좁아지는 부분에는 '가로 배색뜨기(51쪽 참조)'로 떠도 됩니다.

(7단 이후)

7단 이후도 같은 방법으로 색이 바뀌는 부분에서 실을 교차시키면서 뜬다. 안쪽에는 사진처럼 색이 바뀌는 부분에서 실이 세로로 걸쳐진다.

실 끝 마무리하는 방법

'세로 배색뜨기'로 뜬 배색무늬뜨기는 안쪽에 실 끝이 많이 남아 있습니다. 돗바늘을 사용해 한 가닥씩 편물의 코 안으로 넣어 실 끝을 정리합니다.

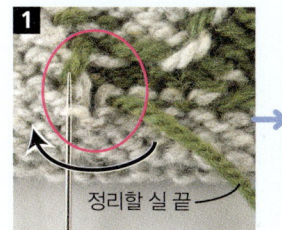

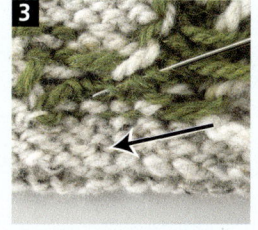

1 정리할 실 끝을 돗바늘에 꿰고, 사진처럼 색 경계 부분의 틈을 메우듯이 옆 코에 바늘을 넣고 실을 잡아당긴다.
※ 겉쪽에서 보이지 않도록 실을 갈라 바늘을 넣는다.

2 가까이에 있는 같은 색 실을 갈라 바늘을 통과시킨다.

3 2에서 통과한 부분에 반대 방향에서 다시 한 번 통과시킨다.

4 실을 짧게 자른다.

12, 13쪽 3

〔실〕
퍼피 브리티시 파인
보라색(027) 100g
혼합 갈색(024) 15g
베이지(021) 15g
노란색(035) 4g

〔도구〕
막힘 대바늘 2개 세트 3호, 1호
대바늘 4개 세트 1호
코바늘 3/0호(어깨 잇기용)

〔게이지〕(10×10cm)
메리야스뜨기, 배색무늬뜨기 27코 30단

〔완성 치수〕
가슴둘레 88cm, 어깨너비 30cm, 기장 50cm

〔뜨는 방법〕
1. 일반적인 시작코를 만들고 2코 고무뜨기, 메리야스뜨기로 뒤판을 뜬다.
2. 일반적인 시작코를 만들고 2코 고무뜨기, 메리야스뜨기, 배색무늬뜨기로 앞판을 뜬다.
※ 배색무늬뜨기는 가로 배색뜨기. 단, 메리야스뜨기와의 경계 부분은 세로 배색뜨기로 뜬다.
3. 앞판에 자수를 놓는다.
4. 어깨를 빼뜨기 잇기로 잇고, 옆선을 떠서 꿰매기로 잇는다.
5. 목둘레, 진동둘레를 2코 고무뜨기로 원통으로 뜨고, 덮어씌워 코막음을 한다.

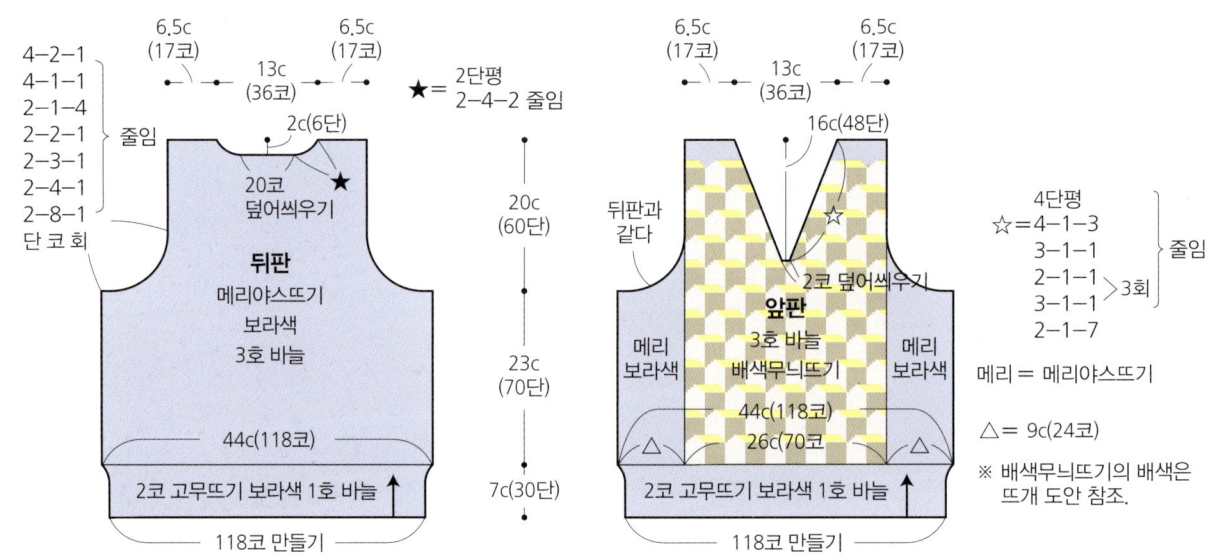

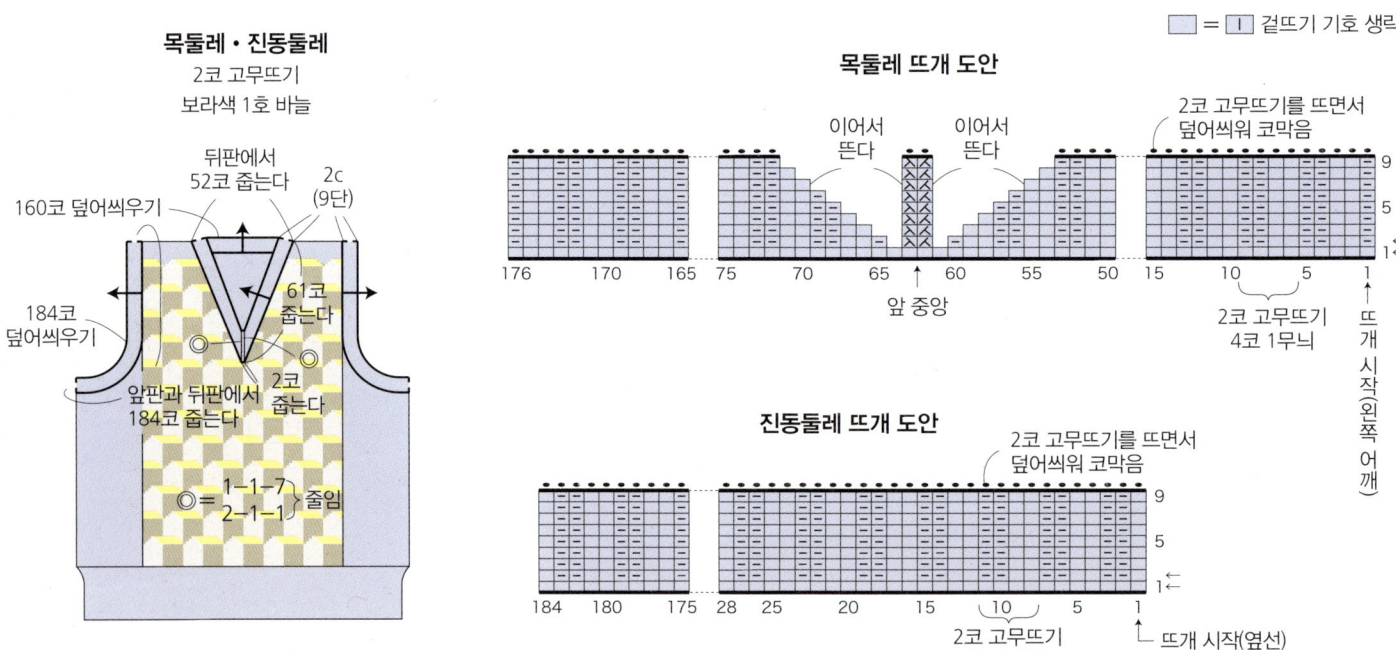

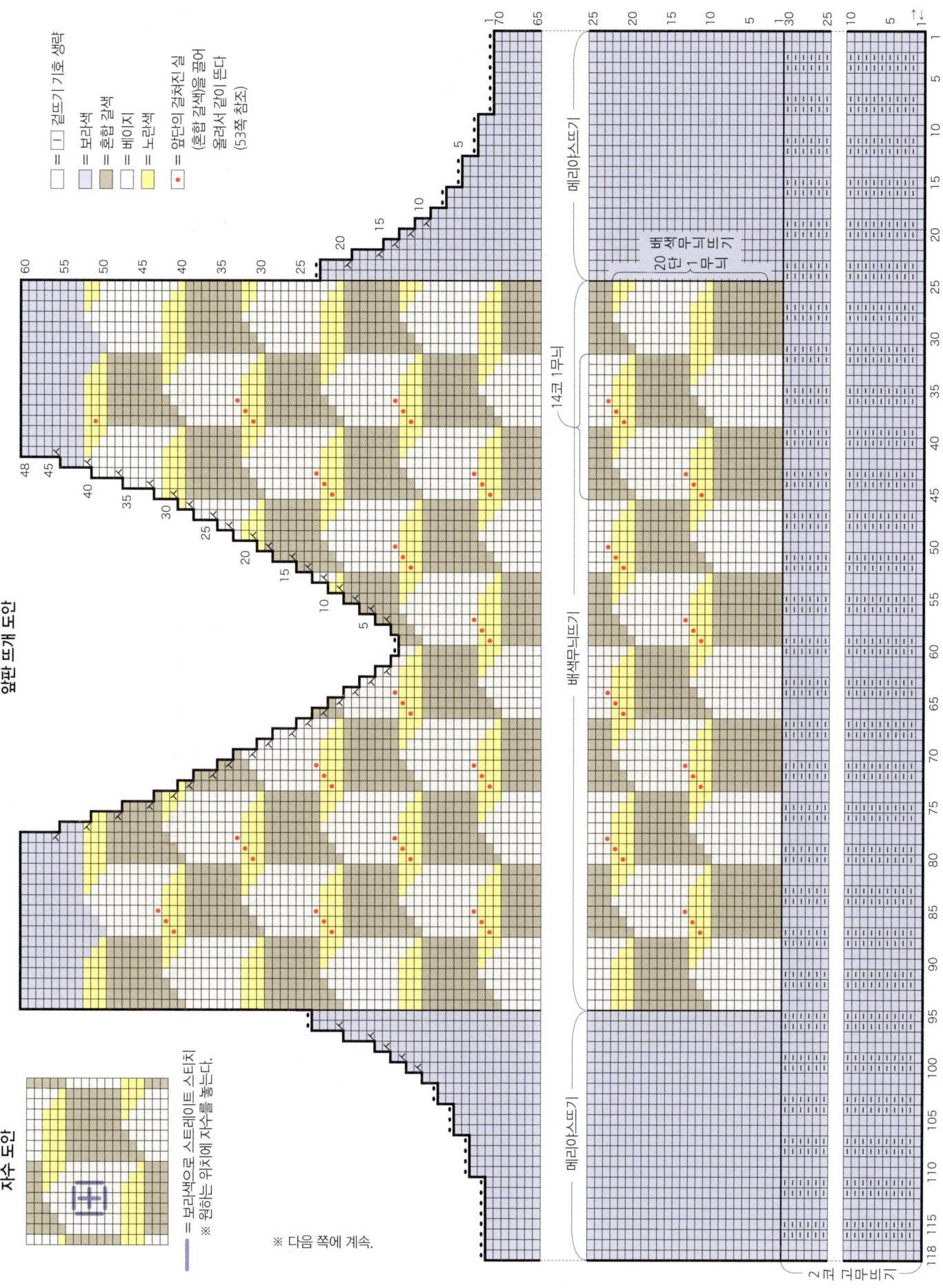

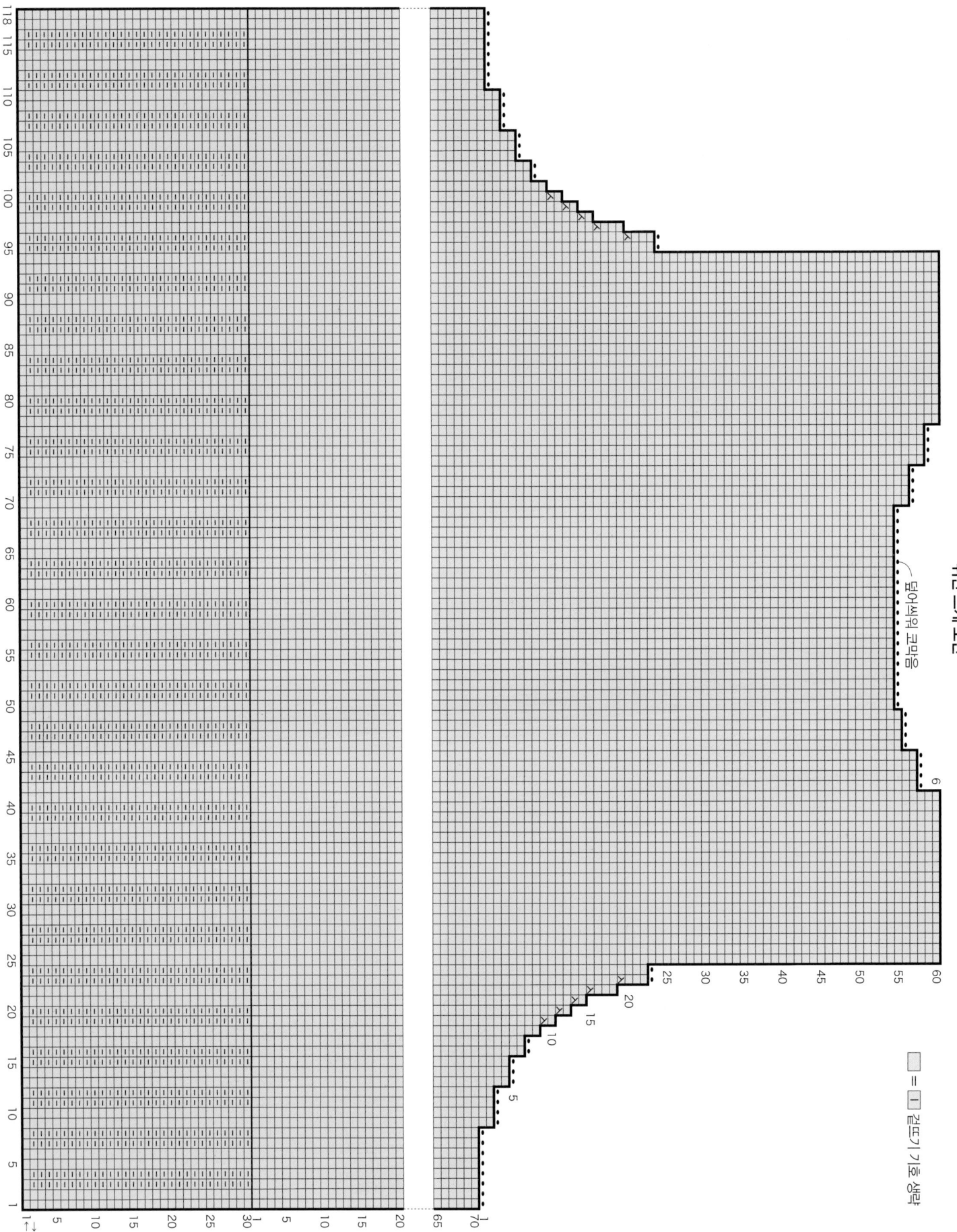

배색무늬뜨기 (가로 배색뜨기) 뜨는 방법

- □ = 겉뜨기 기호 생략
- = A색
- = B색
- = C색
- = D색
- ● = 앞단의 걸쳐진 실(B색)을 끌어올려서 같이 뜬다(53쪽 참조)

앞판의 배색무늬뜨기는
'가로 배색뜨기'로 뜨지만,
메리야스뜨기와의 경계 부분은
'세로 배색뜨기'로 뜹니다.

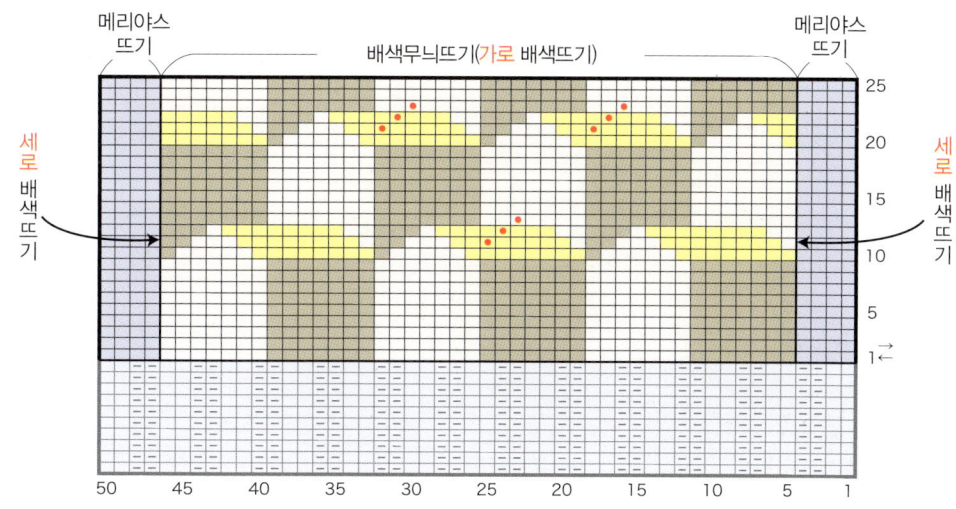

1단

※ 알아보기 쉽도록 작품과는 다른 실로 설명합니다.

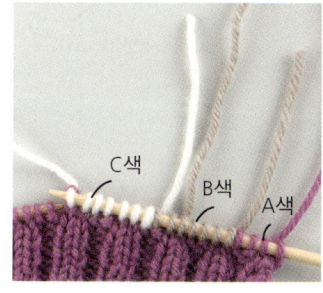

1 / 뜨개 도안을 참고하여 A~C 각각의 색으로 필요한 콧수만큼 뜬다.

2 / C색에서 B색으로 바꿔 뜰 때는 C색의 아래쪽으로 실을 걸쳐서 뜬다.

3 / B색에서 C색으로 바꿔 뜰 때는 B색의 위쪽으로 실을 걸쳐서 뜬다. 2~3을 반복한다.

4 / 마지막은 새로운 A색의 실타래로 바꿔 4코를 뜬다.

2단

5 / 1단을 뜬 모습. 안쪽에는 사진처럼 B색이 아래쪽, C색이 위쪽에 걸쳐 있다.
※ 걸쳐진 실이 수축하지 않도록 약간 느슨하게 실을 걸친다.

1 / A색으로 안뜨기를 뜨고, C색으로 바꾼다. 이 때, 지금까지 뜨던 실과 그 다음 뜰 실을 사진처럼 교차시킨 다음 뜬다.
※ 세로 배색뜨기→46쪽 참조.

2／ C색에서 B색으로 바꿀 때도 사진처럼 교차시킨 다음 뜬다.

3／ B색에서 C색으로 바꿔 뜰 때는 B색의 위쪽으로 실을 걸쳐서 뜬다.

4／ C색에서 B색으로 바꿔 뜰 때는 C색의 아래쪽으로 실을 걸쳐서 뜬다.

5／ A색으로 바꿀 때는 사진처럼 교차시킨 다음 뜬다.
※ 세로 배색뜨기는 46쪽 참조.

(3~9단)

1~2단과 같은 방법으로 B색과 C색은 항상 B색은 아래쪽, C색은 위쪽으로 실을 걸치면서 뜬다. 9단까지 뜬 모습.

(10단)

1／ 10단은 A색의 다음은 B색으로 뜬다. 사진처럼 B색 실을 A색과의 경계 부분까지 가지고 와서 교차시켜 안뜨기를 1코 뜬다.

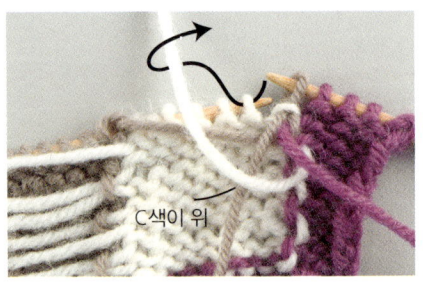

2／ 이어서 C색으로 바꿔 뜬다. B색의 위쪽으로 실을 걸친다.

3／ C색으로 5코를 뜬 모습.

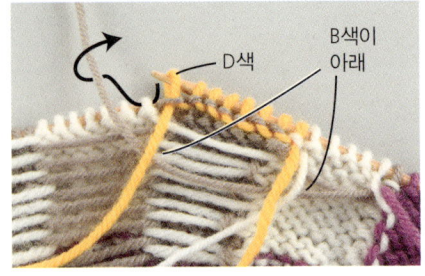

4／ 이어서 새로운 D색 실로 8코를 뜨고, C색과 D색의 아래쪽으로 B색 실을 걸쳐서 1코를 뜬다.

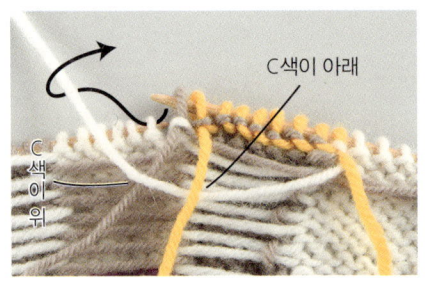

5／ C색으로 바꿔 뜰 때는 D색의 아래쪽, B색의 위쪽으로 실을 걸쳐서 뜬다.

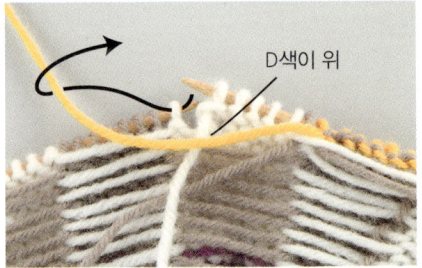

6／ D색으로 바꿔 뜰 때는 B색과 C색의 위쪽으로 실을 걸쳐서 뜬다.

11단 이후

7 / 항상 B색은 C색과 D색의 아래쪽, C색은 B색의 위쪽과 D색의 아래쪽, D색은 B색과 C색의 위쪽으로 실을 걸쳐서 뜬다. 10단까지 뜬 모습.

걸쳐진 실이 지나치게 길 경우

10단에서는 B색 실이 13코에 길게 걸쳐집니다. 이 상태로는 옷을 입을 때 손가락에 걸리게 되므로 걸쳐진 실이 지나치게 길 경우에는 다음 단을 뜰 때 걸쳐진 실을 끌어올려서 같이 떠줍니다.

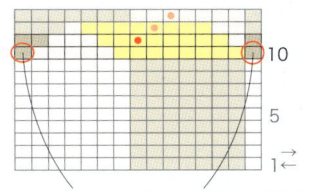

⦁ = 앞 단의 걸쳐진 실을 끌어올려서 같이 뜬다.

이 2코 사이에 걸쳐진 실을 끌어올린다.

11단(걸쳐진 실이 지나치게 길 경우)

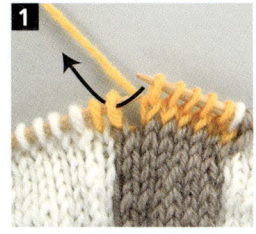

1 ●의 전 코까지 뜬 다음, 오른쪽 바늘을 화살표처럼 넣어 뜨지 않고 코를 옮긴다.

2 안쪽에서 본 모습. 앞 단에서 길게 걸친 B색 실을 오른쪽 바늘로 끌어올린다.

3 걸쳐진 실을 끌어올린 모습. 1에서 옮긴 코와 2에서 끌어올린 걸쳐진 실에 왼쪽 바늘을 화살표처럼 넣어 왼쪽 바늘에 다시 옮긴다.

4 3에서 다시 옮긴 실 2가닥에 화살표처럼 바늘을 넣어 겉뜨기한다.

5 겉뜨기한 모습. 앞단의 걸쳐진 실도 같이 떠졌다.

12단(안쪽을 보면서 같이 안뜨기한다)

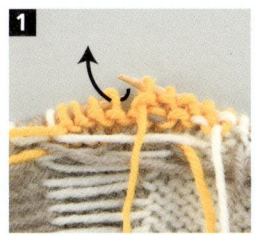

1 ●의 전 코까지 뜬 다음, 오른쪽 바늘을 화살표처럼 넣어 뜨지 않고 코를 옮긴다.

2 코를 옮긴 모습. 앞단에서 길게 걸친 B색 실을 오른쪽 바늘로 끌어올린다.

3 걸쳐진 실을 끌어올린 모습. 1에서 옮긴 코와 2에서 끌어올린 걸쳐진 실에 왼쪽 바늘을 화살표처럼 넣어 왼쪽 바늘에 다시 옮긴다.

4 3에서 다시 옮긴 실 2가닥에 화살표처럼 바늘을 넣어 안뜨기한다.

5 안뜨기한 모습. 앞단의 걸쳐진 실도 같이 떠졌다.

12단까지 뜬 모습.

14, 15쪽 H

〔실〕
퍼피 브리티시 파인
차콜 그레이(012) 25g
그레이(009) 15g
라이트 그레이(019) 15g
빨간색(013) 5g

〔도구〕
대바늘 4개 세트 3호

〔게이지〕(10×10cm)
배색무늬뜨기 27코 30단

〔완성 치수〕
손바닥 둘레 22cm, 길이 28cm

〔뜨는 방법〕
1. 일반적인 시작코를 만들어 1코 고무뜨기, 배색무늬뜨기로 본체를 원통으로 뜨고, 덮어씌워 코막음을 한다.
   뜨는 도중에 엄지손가락 위치는 별도의 실로 떠 넣는다.
   ※ 배색무늬뜨기는 가로 배색뜨기로 뜬다.
   ※ 다음 단과 이어지는 무늬는 바뀐 단의 첫 코를 걸러뜨기한다.
2. 엄지손가락 위치에 떠 넣은 별도의 실을 풀어내어 코를 줍고, 1코 고무뜨기로 엄지손가락을 원통으로 뜬 다음 덮어씌워 코막음을 한다.

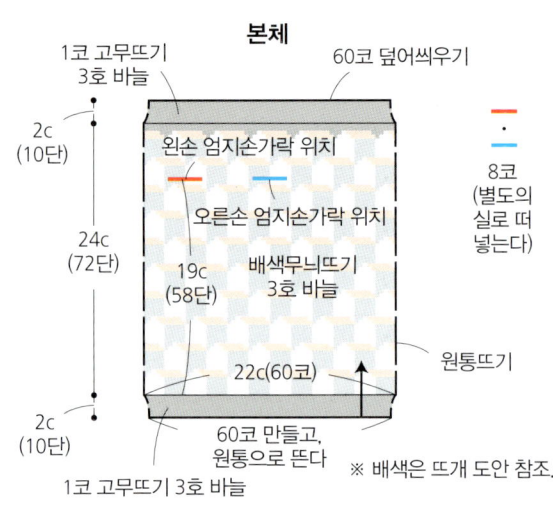

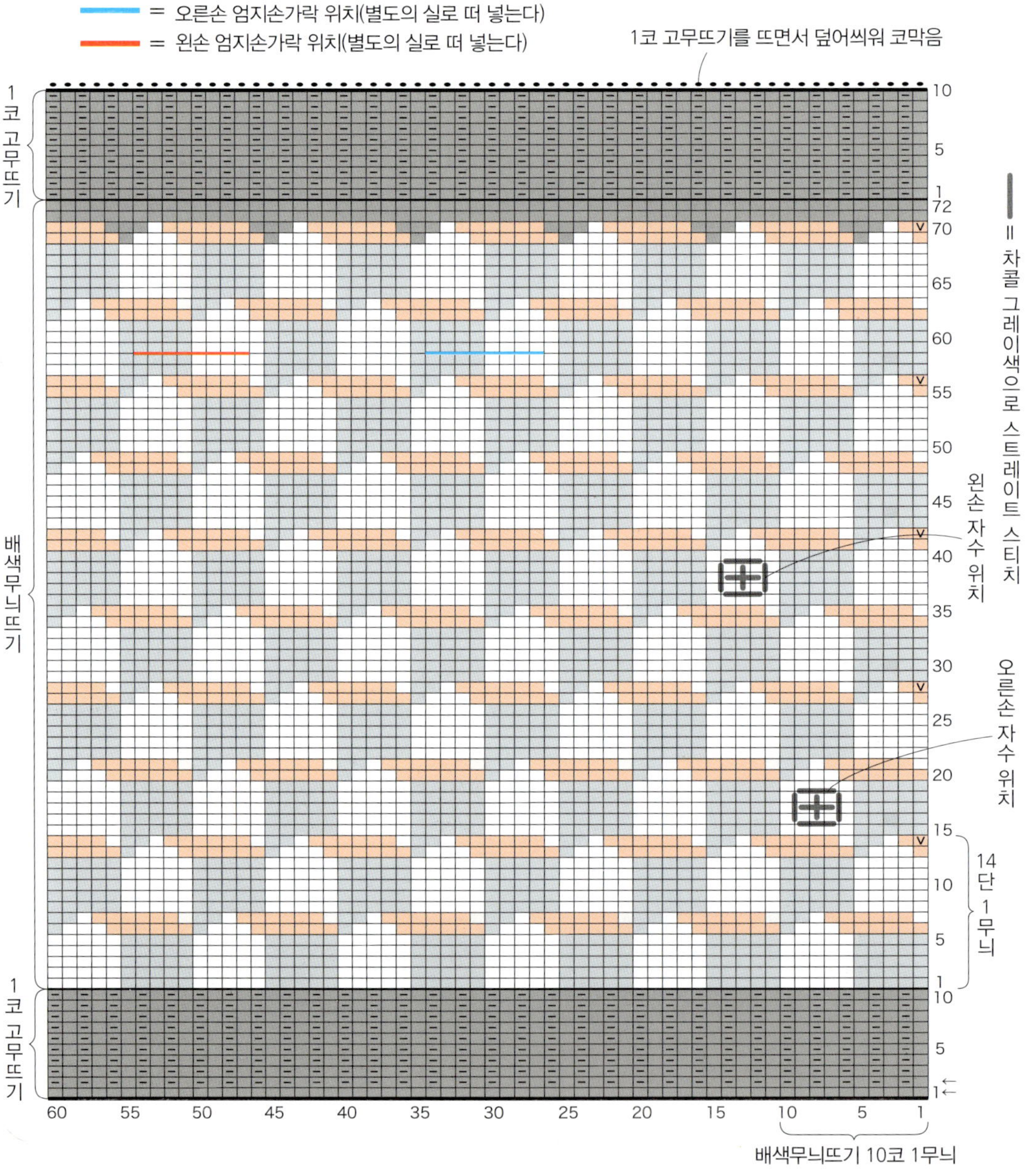

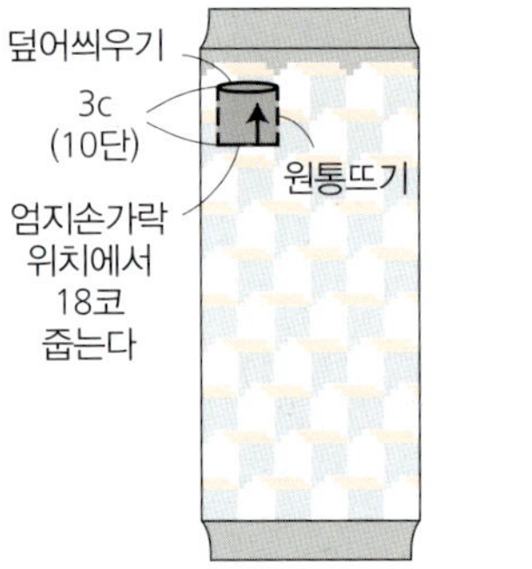

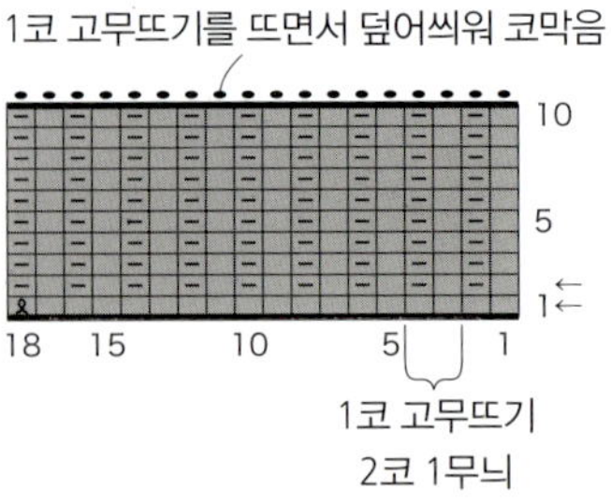

16, 17쪽 5

〔실〕

a
DARUMA 메리노 스타일 병태사
- 옐로(20) 100g
- 다크 그레이(18) 35g
- 아이보리(1) 5g
- 라이트 베이지(2) 5g
- 라벤더(9) 소량
- 에메랄드(22) 소량
- 산호색(23) 소량

DARUMA 원모에 가까운 메리노 울
- 캐멀(17) 소량

b
DARUMA 메리노 스타일 병태사
- 산호색(23) 100g
- 라이트 베이지(2) 5g
- 라벤더(9) 소량
- 옐로(20) 소량
- 에메랄드(22) 소량
- 레드(24) 소량

DARUMA LOOP
- 아이보리(1) 20g

DARUMA 원모에 가까운 메리노 울
- 캐멀(17) 소량

c
DARUMA 메리노 스타일 병태사
- 에메랄드(22) 100g
- 아이보리(1) 20g
- 라이트 베이지(2) 5g
- 블랙(12) 5g
- 라벤더(9) 소량
- 옐로(20) 소량
- 산호색(23) 소량

DARUMA 원모에 가까운 메리노 울
- 캐멀(17) 10g

〔기타 재료〕
- 안주머니용 천 29×56cm
- 헤링본 테이프(폭 1.5cm)31cm×2개

〔도구〕
- 막힘 대바늘 2개 세트 11호
- 코바늘 7/0호, 10/0호

〔게이지〕(10×10cm)
- 배색무늬뜨기 15.5코 19단

〔완성 치수〕
- 세로 25.5cm, 가로 26cm

〔뜨는 방법〕

※ 손잡이와 **b**의 DARUMA LOOP는 실 1가닥으로 뜨고, 나머지는 모두 실 2가닥으로 뜬다.

1. 일반적인 시작코를 만들어 배색무늬뜨기로 앞면, 뒷면을 각각 뜨고, 덮어씌워 코막음을 한다. ※ 배색무늬뜨기는 세로 배색뜨기로 뜬다.
2. 앞면에 자수를 놓는다.
3. 바닥을 메리야스 잇기, 옆선을 떠서 꿰매기로 잇는다.
4. 가장자리뜨기를 뜬다.
5. 사슬뜨기 시작코를 만들고, 짧은뜨기로 손잡이를 뜬다.
6. 손잡이를 마무리한다.
7. 안주머니를 만들고, 손잡이와 같이 가방에 꿰매 달아준다.

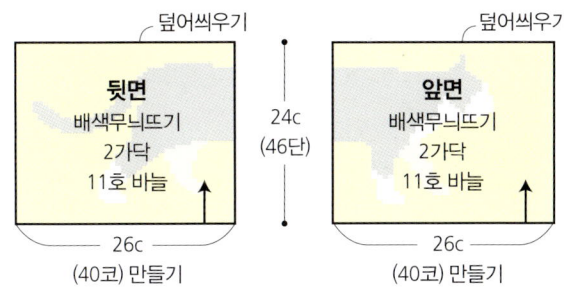

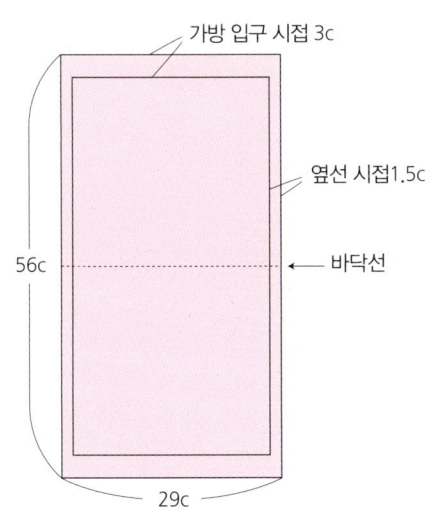

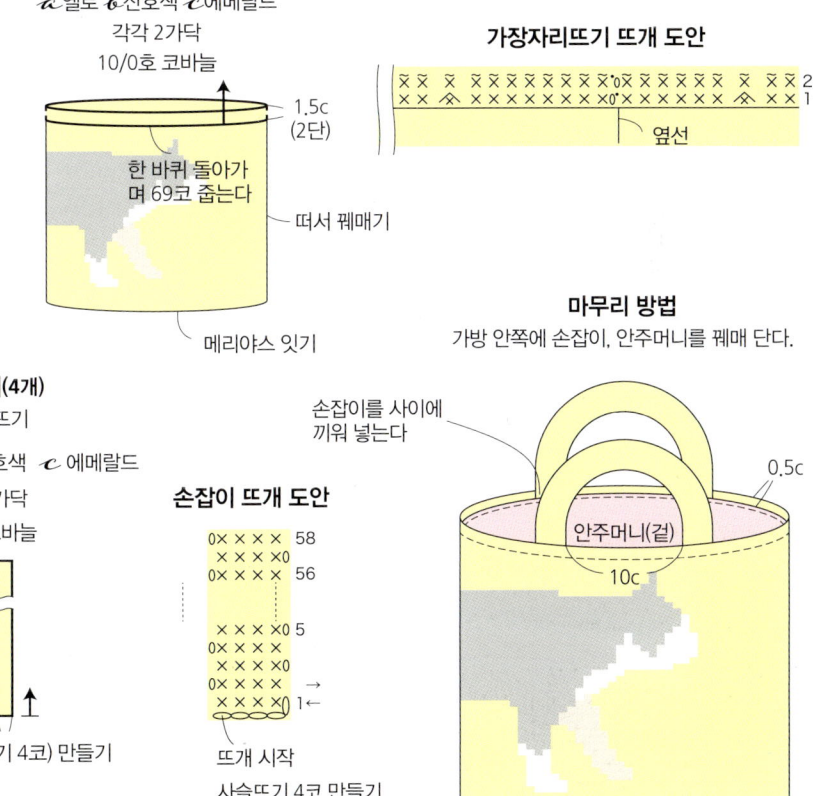

※ 다음 쪽에 계속.

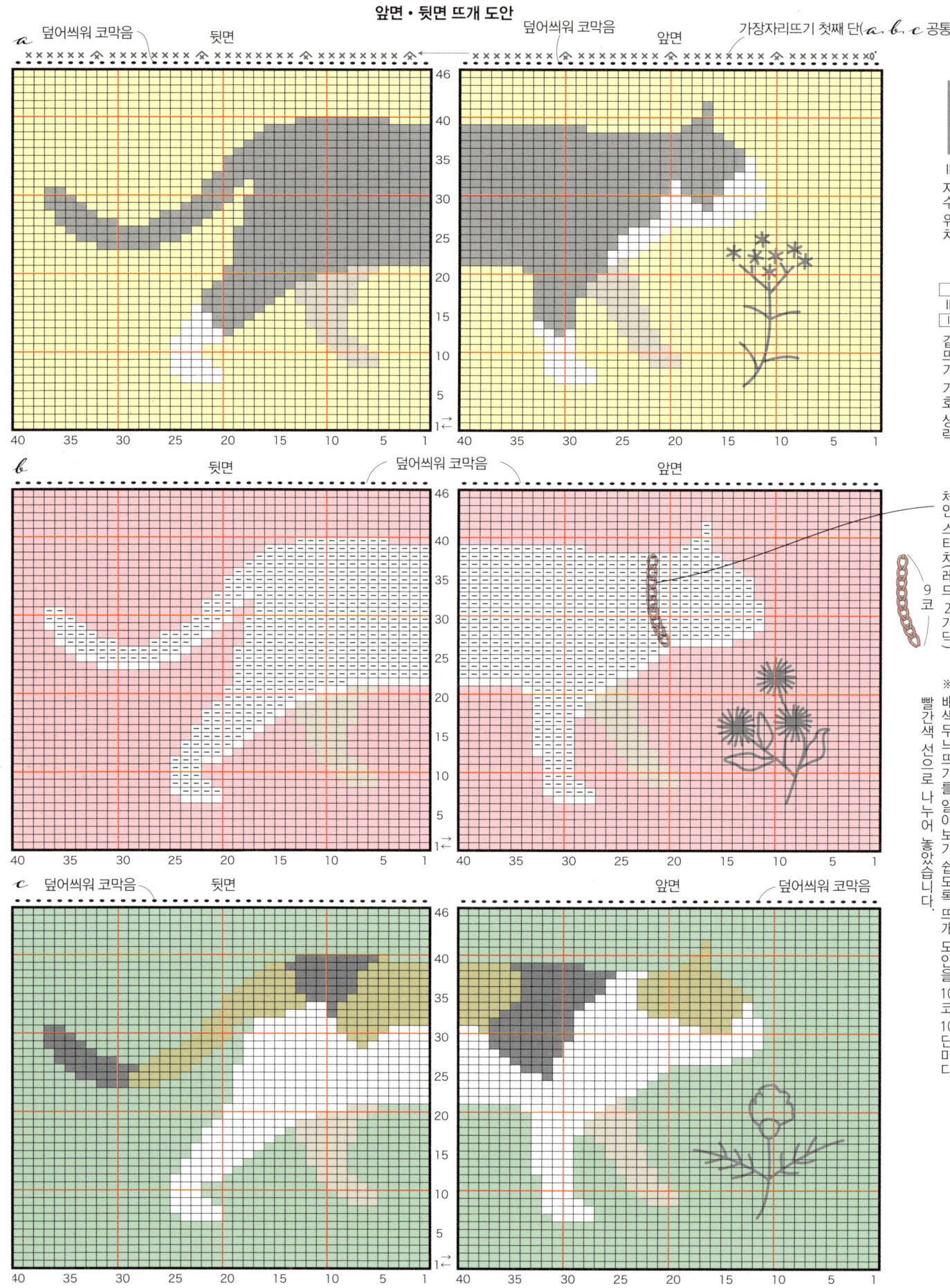

18, 19쪽 6

〔실〕
퍼피 브리티시 에로이카
그레이시 핑크(180) 180g
황매화색(203) 15g
그래스 그린(197) 15g
피콕그린(184) 15g
퍼피 유리카 모헤어
노란색(306) 15g

〔기타 재료〕
안주머니용 천 38×78cm
헤링본 테이프(폭 2cm) 85cm

〔도구〕
막힘 대바늘 2개 세트 9호
코바늘 7/0호

〔게이지〕(10×10cm)
배색무늬뜨기
16.5코 21.5단

〔완성 치수〕
세로 36.5cm, 가로 35cm

〔뜨는 방법〕
1. 일반적인 시작코를 만들어 배색무늬뜨기로 앞면, 뒷면을 각각 뜨고, 덮어씌워 코막음을 한다.
   ※ 배색무늬뜨기는 세로 배색뜨기로 뜬다.
2. 지정한 위치에 자수를 놓는다.
3. 바닥을 메리야스 잇기, 옆선을 떠서 꿰매기로 잇는다.
4. 가장자리뜨기를 뜬다.
5. 사슬뜨기 시작코를 만들고, 짧은뜨기로 어깨끈을 뜬다.
6. 어깨끈을 마무리한다.
7. 안주머니를 만들고, 어깨끈과 같이 가방에 꿰매 달아준다.

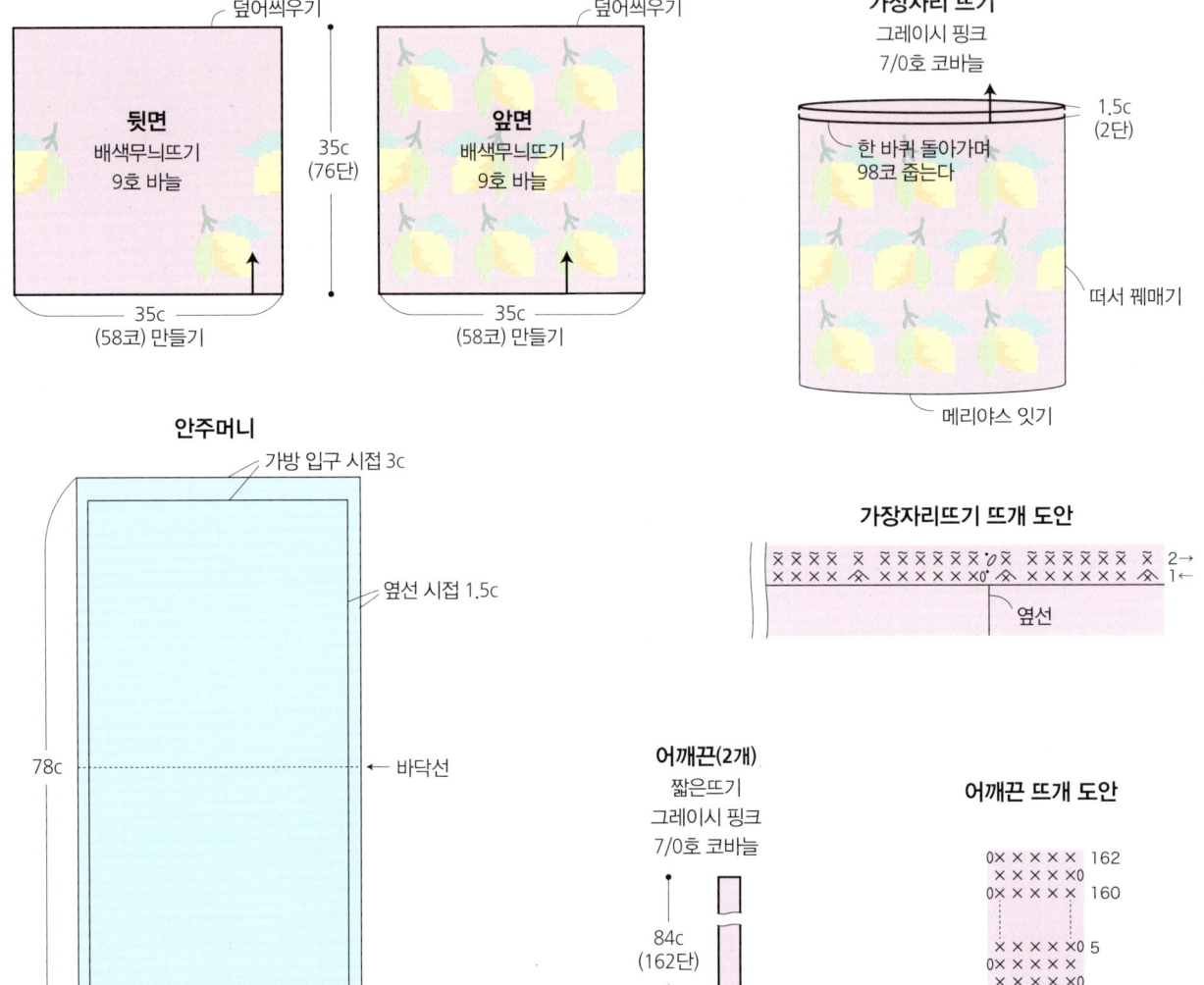

※ 치수는 표준 치수입니다. 실제로 뜬 작품의 크기에 맞춰 시접을 더해서 재단하세요.

※ 어깨끈 마무리 방법, 안주머니 만드는 방법은 79쪽 참조.

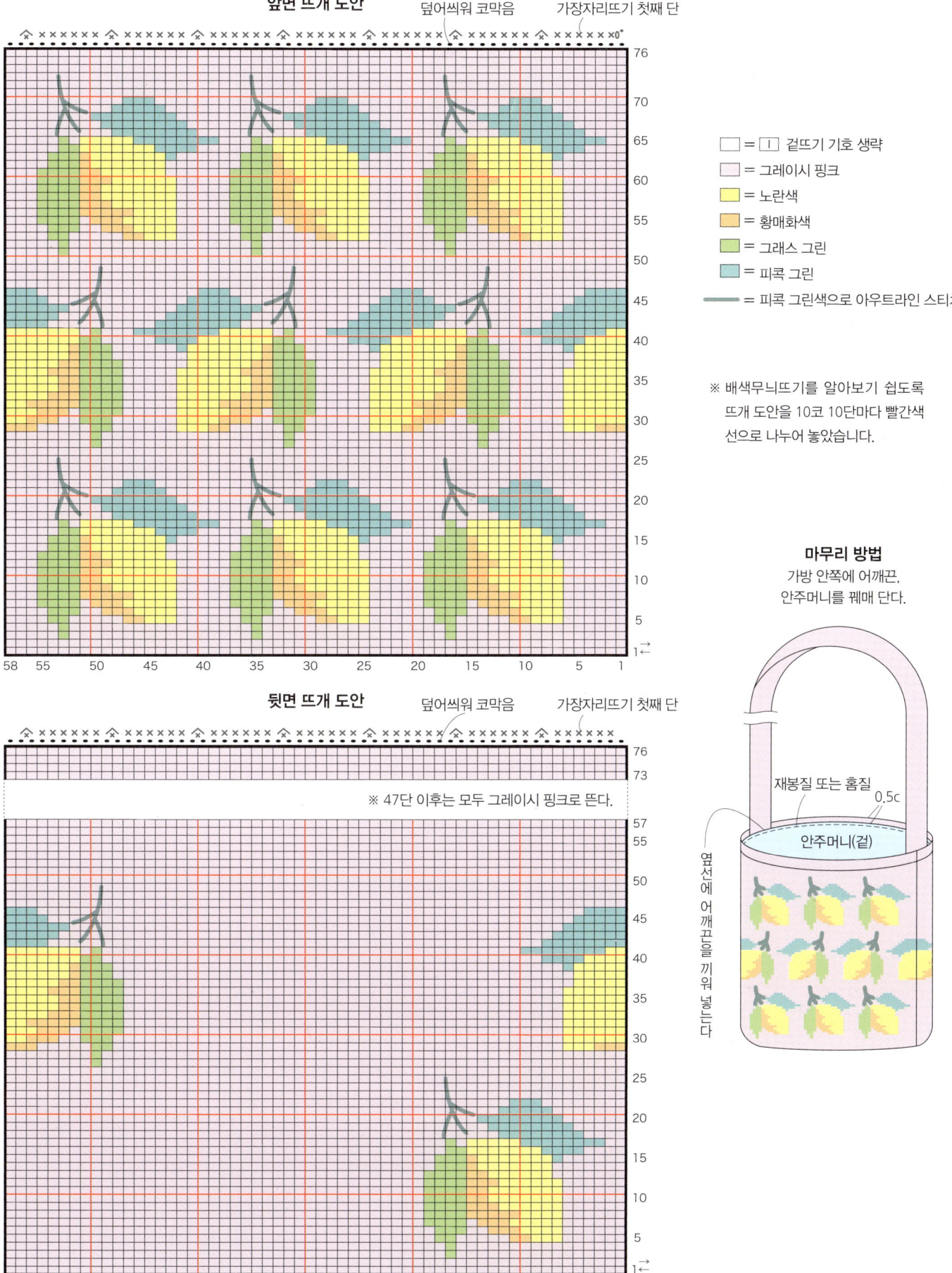

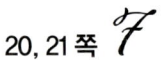

20, 21쪽 F

〔실〕
퍼피 퀸 아니
민트 그린(989) 440g
흰색(802) 10g
노란색(934) 5g

리치 모어 ELK
흰색(57) 24g

〔도구〕
막힘 대바늘 2개 세트 6호, 4호
대바늘 4개 세트 4호
코바늘 7/0호(어깨, 소매 잇기용)

〔게이지〕(10×10cm)
메리야스뜨기, 배색무늬뜨기 20코 29단

〔완성 치수〕
가슴둘레 105cm, 기장 56cm, 어깨너비 43.5cm, 소매 길이 46cm

〔뜨는 방법〕
1. 일반적인 시작코를 만들고 2코 고무뜨기, 배색무늬뜨기로 뒤판, 앞판을 뜬다.
   ※ 배색무늬뜨기는 세로 배색뜨기로 뜬다.
2. 일반적인 시작코를 만들고 2코 고무뜨기, 메리야스뜨기로 소매를 뜬다.
3. 어깨는 코바늘을 이용해 빼뜨기로 잇는다.
4. 몸판 옆선, 소매 옆선을 떠서 꿰매기로 잇는다.
5. 목둘레를 2코 고무뜨기로 원통으로 뜨고, 덮어씌워 코막음을 한다.
6. 소매를 코바늘을 이용해 빼뜨기로 몸판에 연결한다.

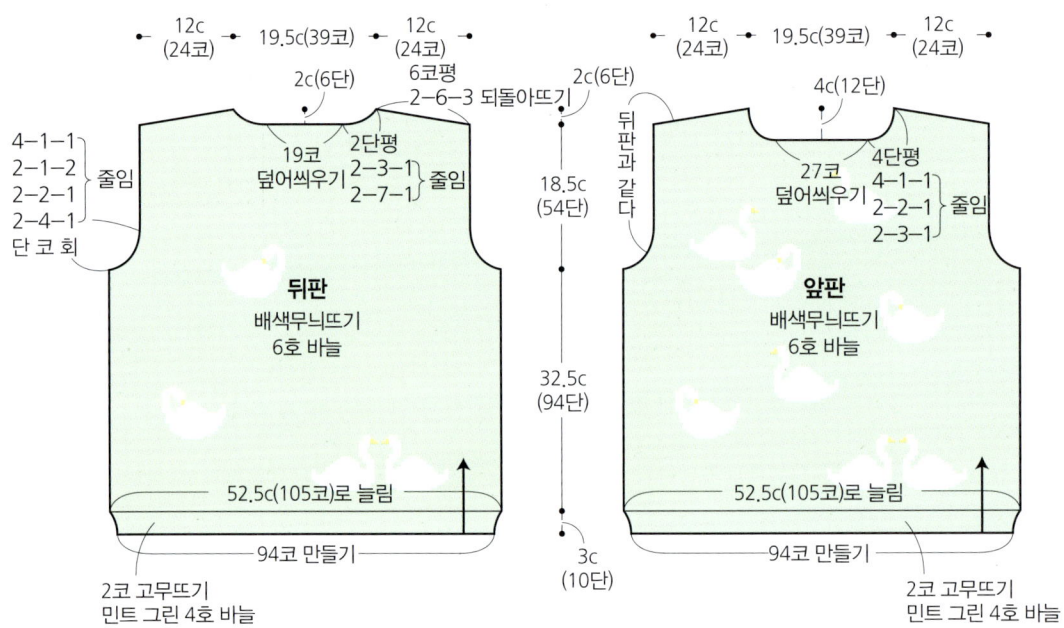

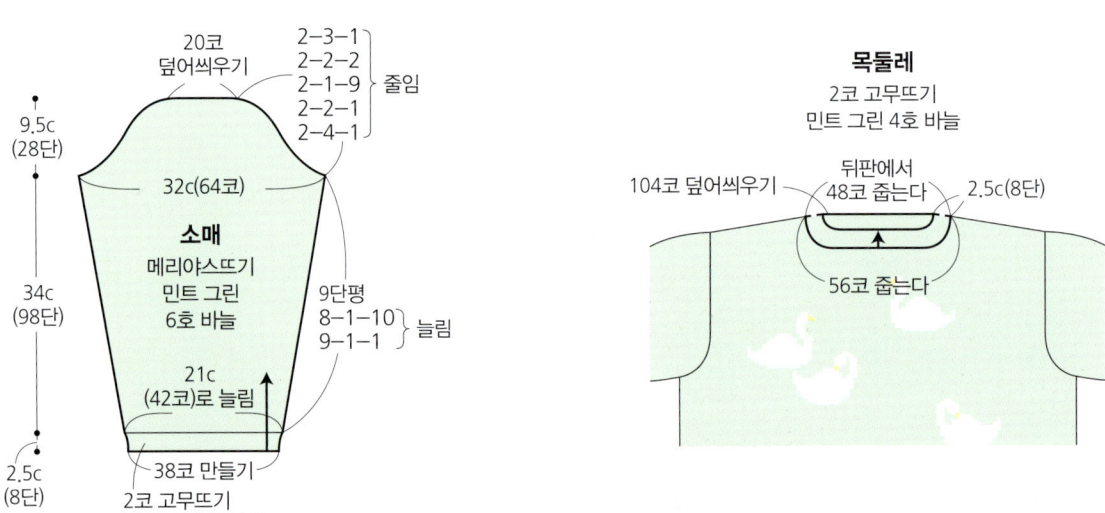

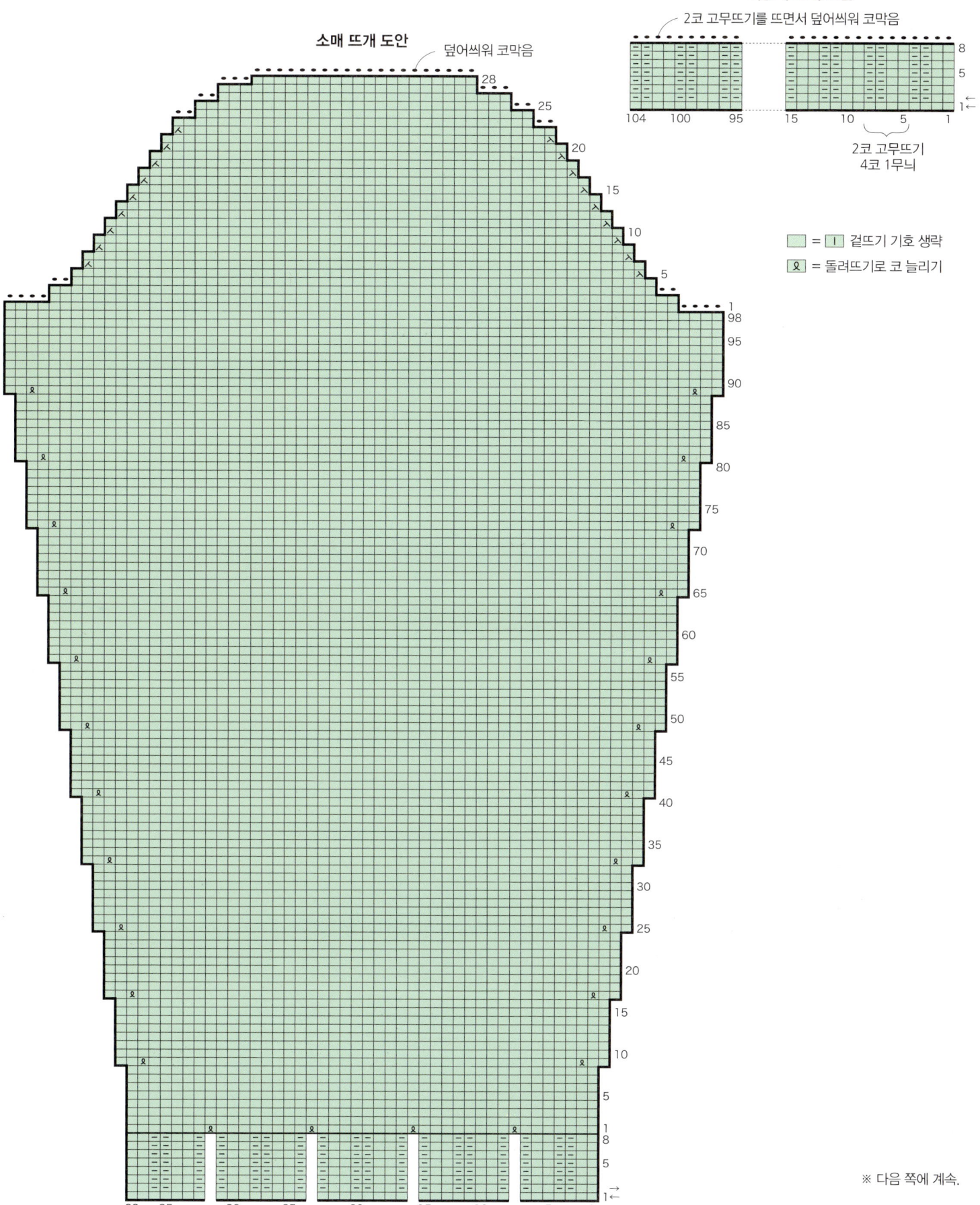

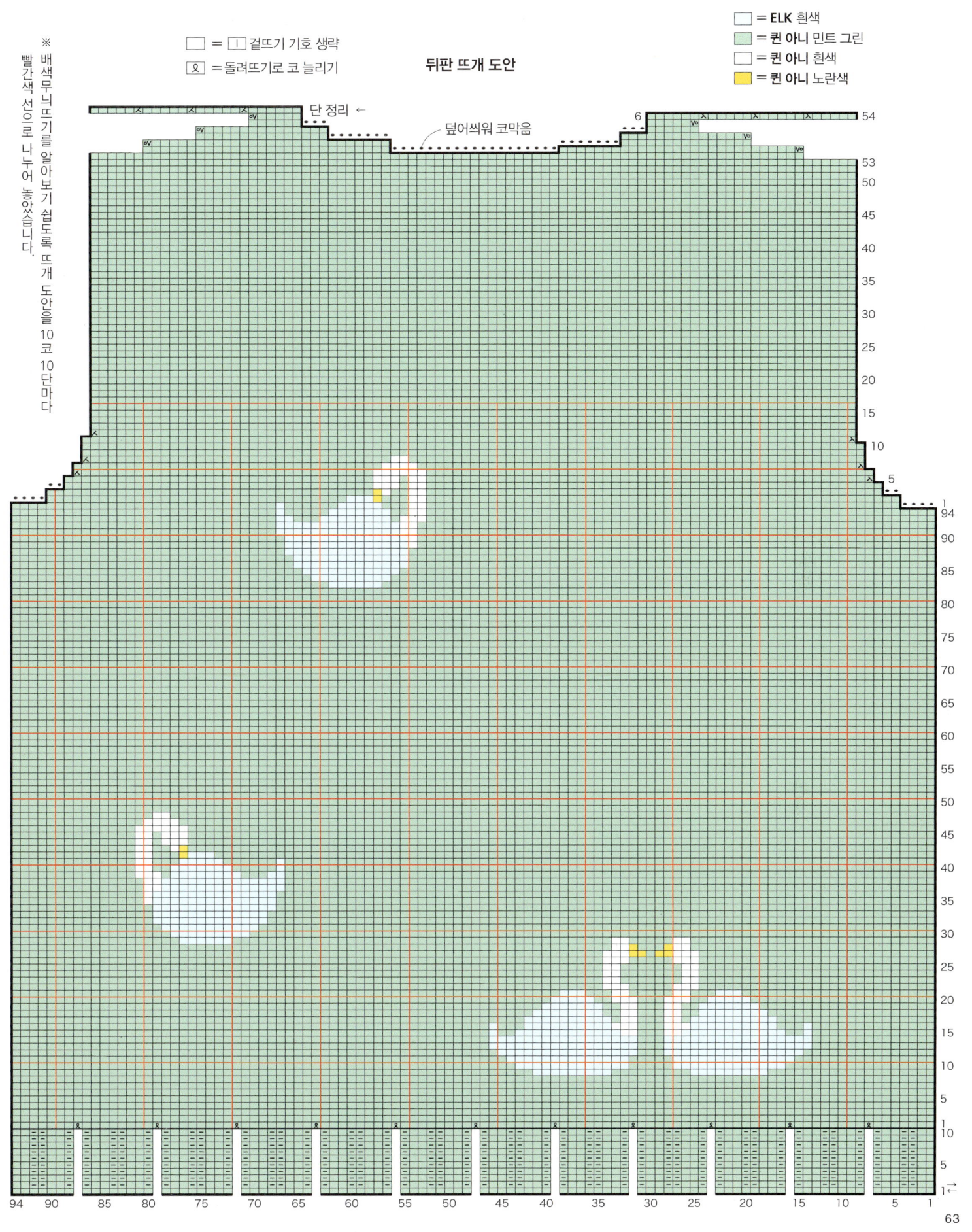

22, 23쪽 8

〔실〕
Brooklyn Tweed ARBOR(amirisu)
올리브(PARKA) 60g
머스터드(KLIMT) 30g

〔도구〕
대바늘 4개 세트 6호, 4호

〔게이지〕(10×10cm)
배색무늬뜨기
20.5코 23단

〔완성 치수〕
폭 29cm, 전체 둘레 54.5cm

〔뜨는 방법〕
일반적인 시작코를 만들어 무늬뜨기, 배색무늬뜨기로 넥워머를 원통으로 뜨고, 덮어씌워 코막음을 한다.
※ 배색무늬뜨기는 가로 배색뜨기로 뜬다.

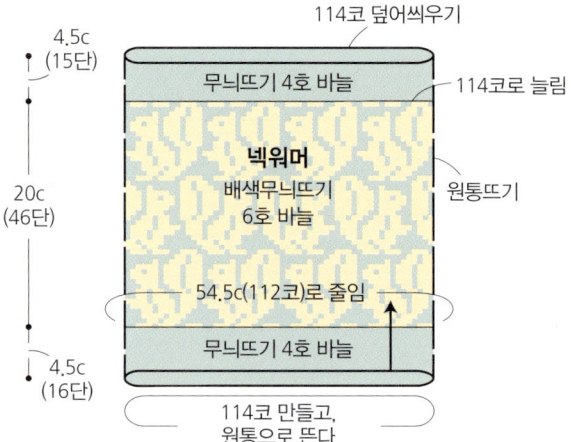

넥워머 뜨개 도안

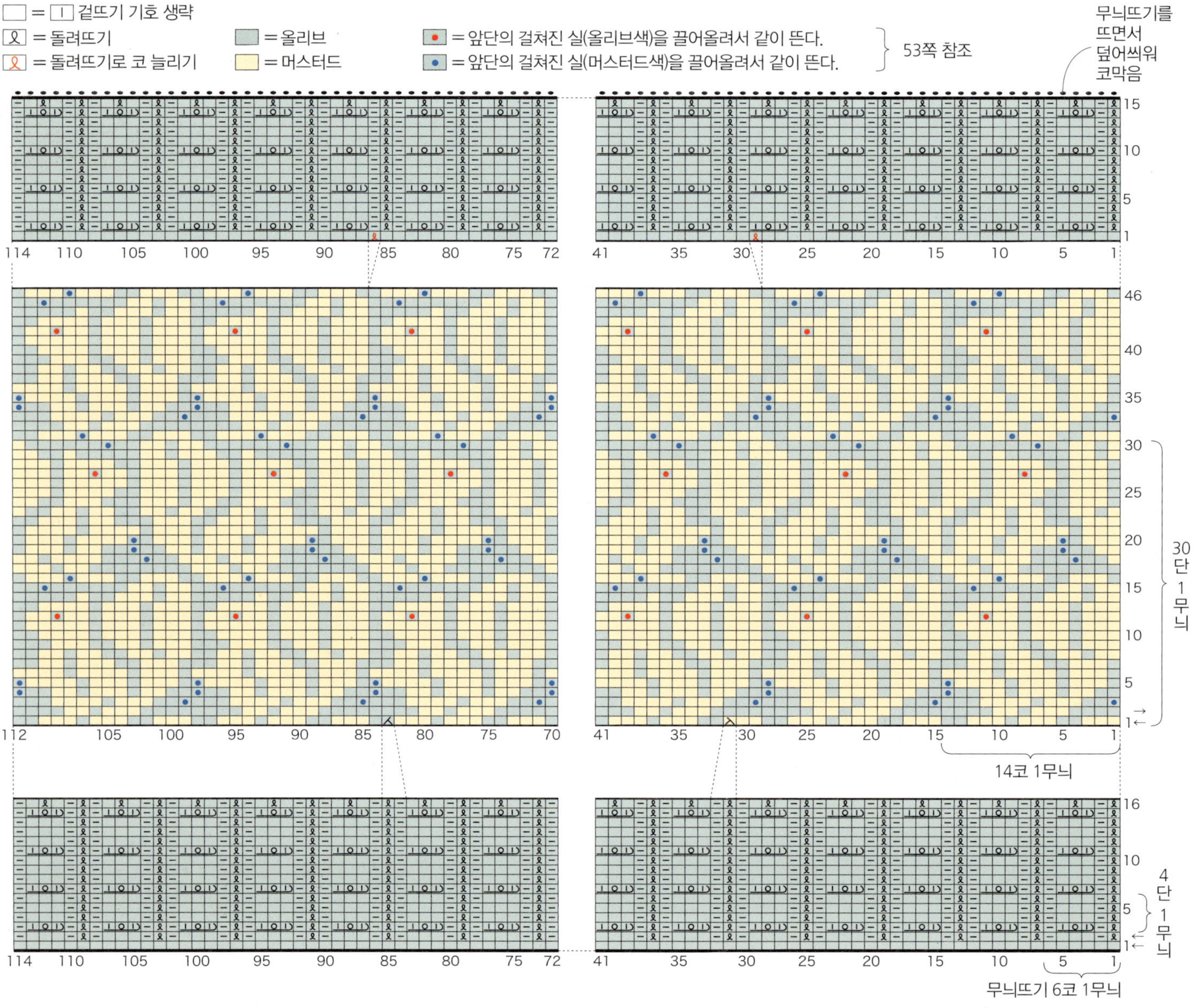

24, 25쪽 *9*

〔실〕
Brooklyn Tweed ARBOR(amirisu)
라이트 그레이(DRIFTWOOD) 150g
적갈색(BUTTE) 110g

〔도구〕
막힘 대바늘 2개 세트 6호, 4호
대바늘 4개 세트 4호
코바늘 5/0호(어깨 잇기용)

〔게이지〕(10×10cm)
배색무늬뜨기 20.5코 23단

〔완성 치수〕
가슴둘레 98cm, 어깨너비 34cm,
기장 52cm

〔뜨는 방법〕
1. 일반적인 시작코를 만들고 무늬뜨기, 배색무늬뜨기로 뒤판, 앞판을 뜬다.
   ※ 배색무늬뜨기는 가로 배색뜨기로 뜬다.
2. 어깨는 코바늘을 이용해 빼뜨기로 잇는다.
3. 옆선을 떠서 꿰매기로 잇는다.
4. 무늬뜨기로 진동둘레를 원통으로 뜨고, 덮어씌워 코막음을 한다.
5. 무늬뜨기로 목둘레를 뜨고, 덮어씌워 코막음을 한 다음 가운데 부분을 겹쳐서 꿰매준다.

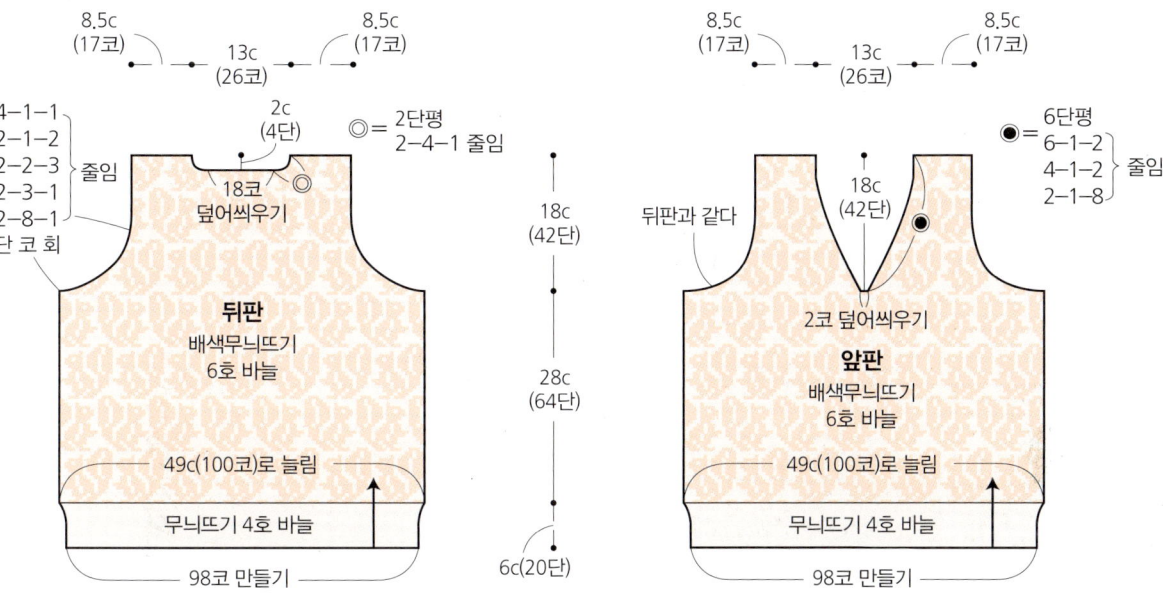

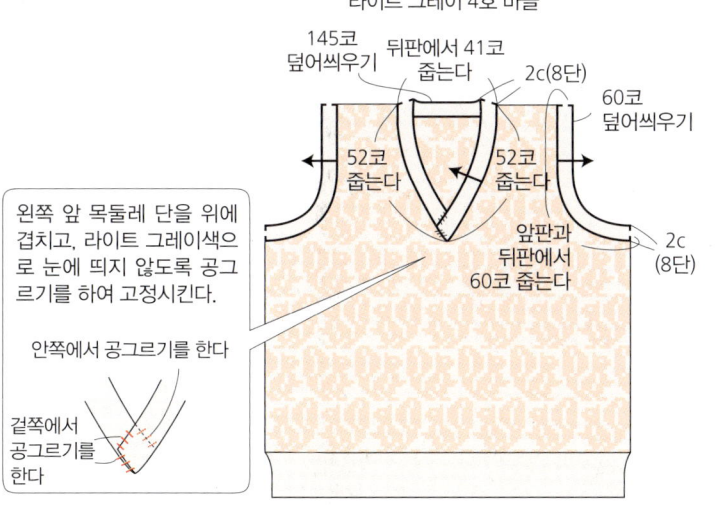

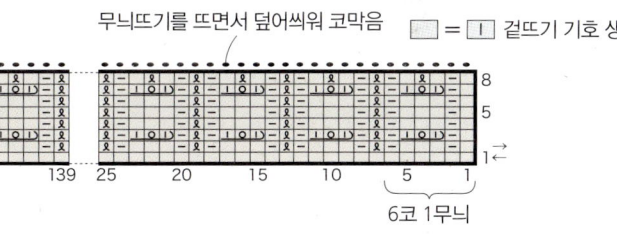

목둘레 뜨개 도안

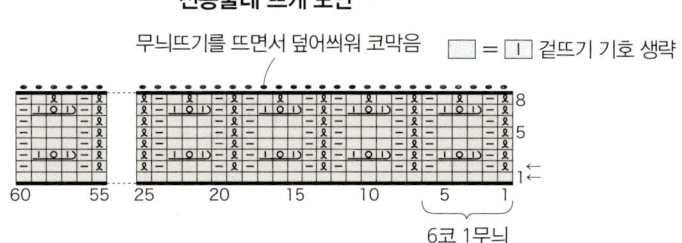

진동둘레 뜨개 도안

※ 다음 쪽에 계속.

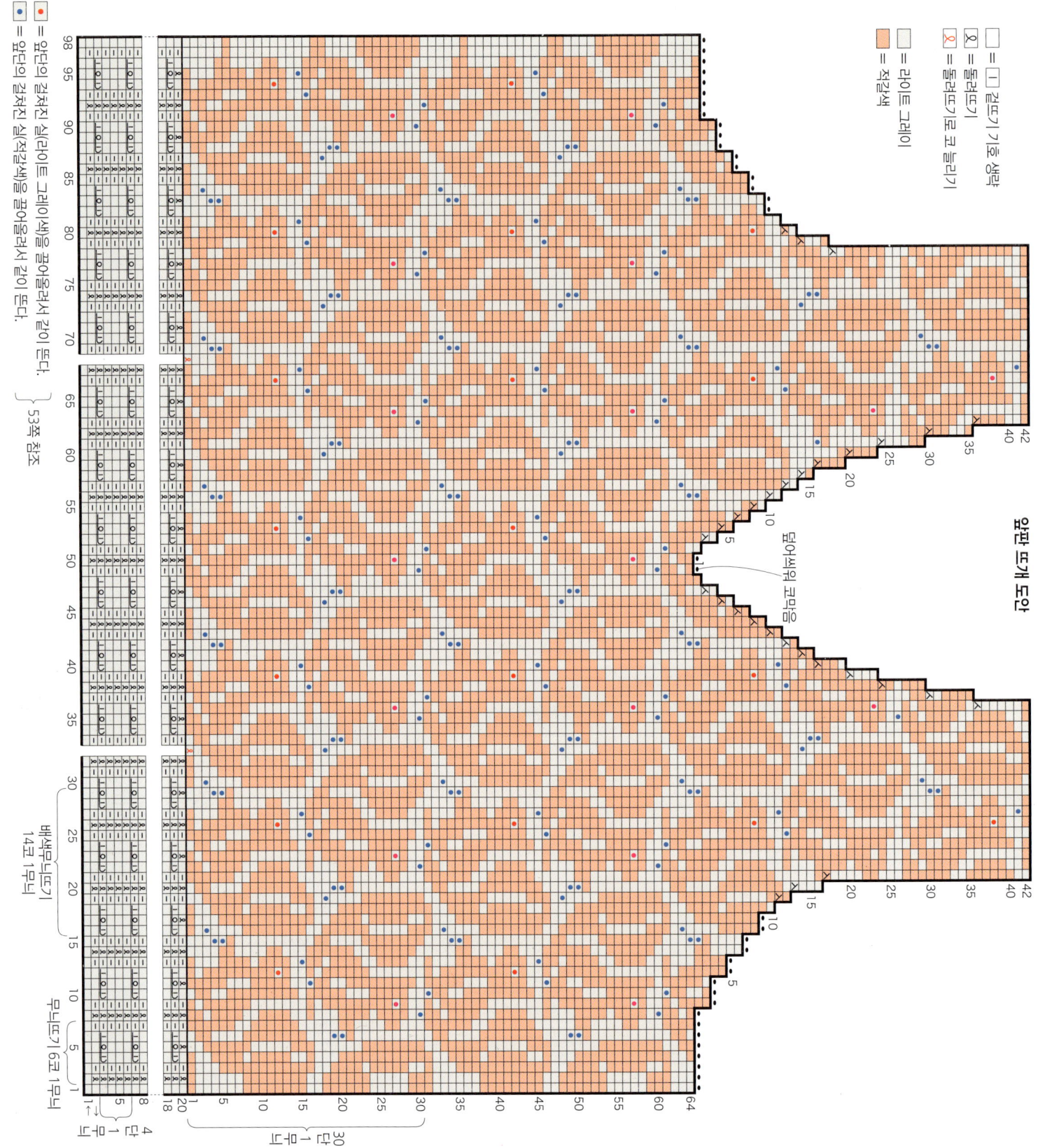

뒤판 모개 도안

26, 27쪽 10

[실]
퍼피 브리티시 에로이카
그래스 그린(197) 120g
갈색(192) 185g
진갈색(208) 145g
퍼피 프리미티보
차콜(105) 60g

[기타 재료]
토호 스팽글 육각형
오렌지(810, 6mm) 226개

[도구]
막힘 대바늘 2개 세트 9호, 7호
대바늘 4개 세트 7호
코바늘 9/0호(어깨 잇기용)

[게이지](10×10cm)
배색무늬뜨기 16.5코 22단

[완성 치수]
가슴둘레 102cm, 기장 59.5cm, 등솔기~소매 끝 길이 74.5cm

[뜨는 방법]
1. 일반적인 시작코를 만들고 1코 고무뜨기, 배색무늬뜨기로 뒤판, 앞판, 소매를 뜬다.
   ※ 배색무늬뜨기는 세로 배색뜨기로 뜬다.
2. 스팽글을 지정한 위치에 단다.
3. 어깨는 코바늘을 이용해 빼뜨기로 잇는다.
4. 목둘레를 1코 고무뜨기로 원통으로 뜨고, 덮어씌워 코막음을 한다.
5. 소매를 코와 단 잇기로 몸판에 달고, 몸판 옆선, 소매 옆선을 떠서 꿰매기로 잇는다.

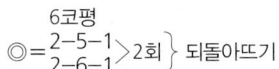

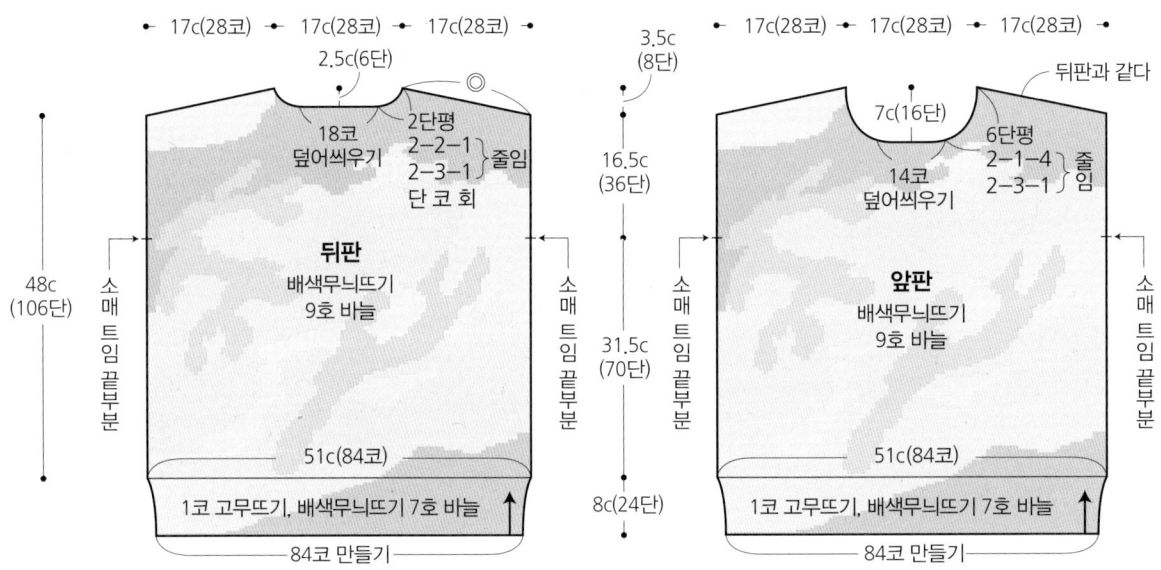

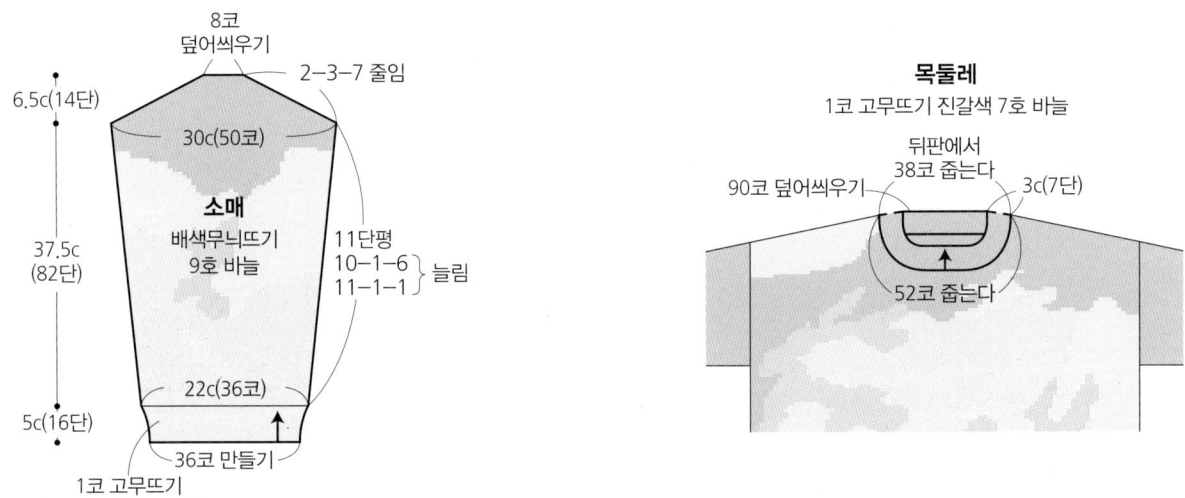

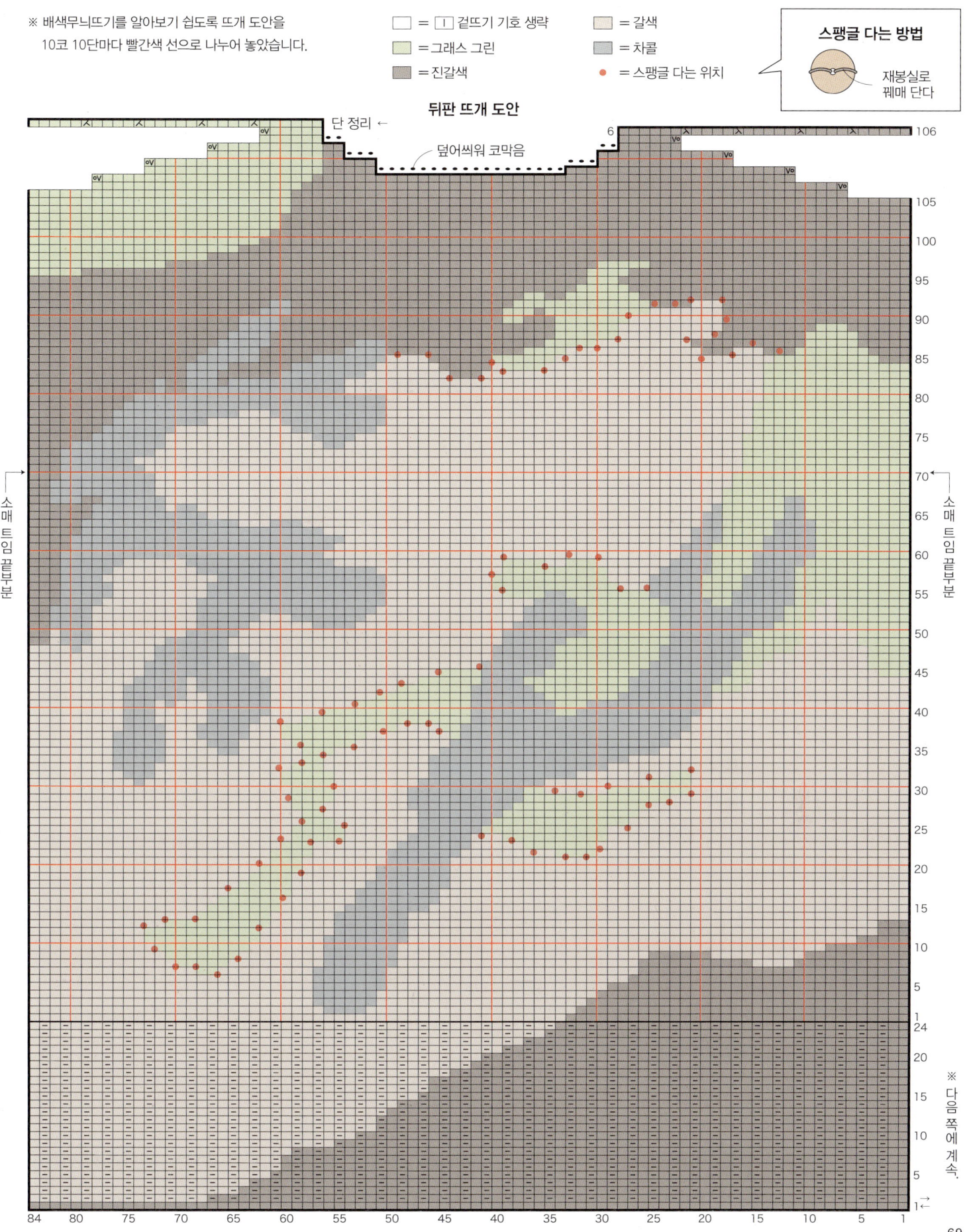

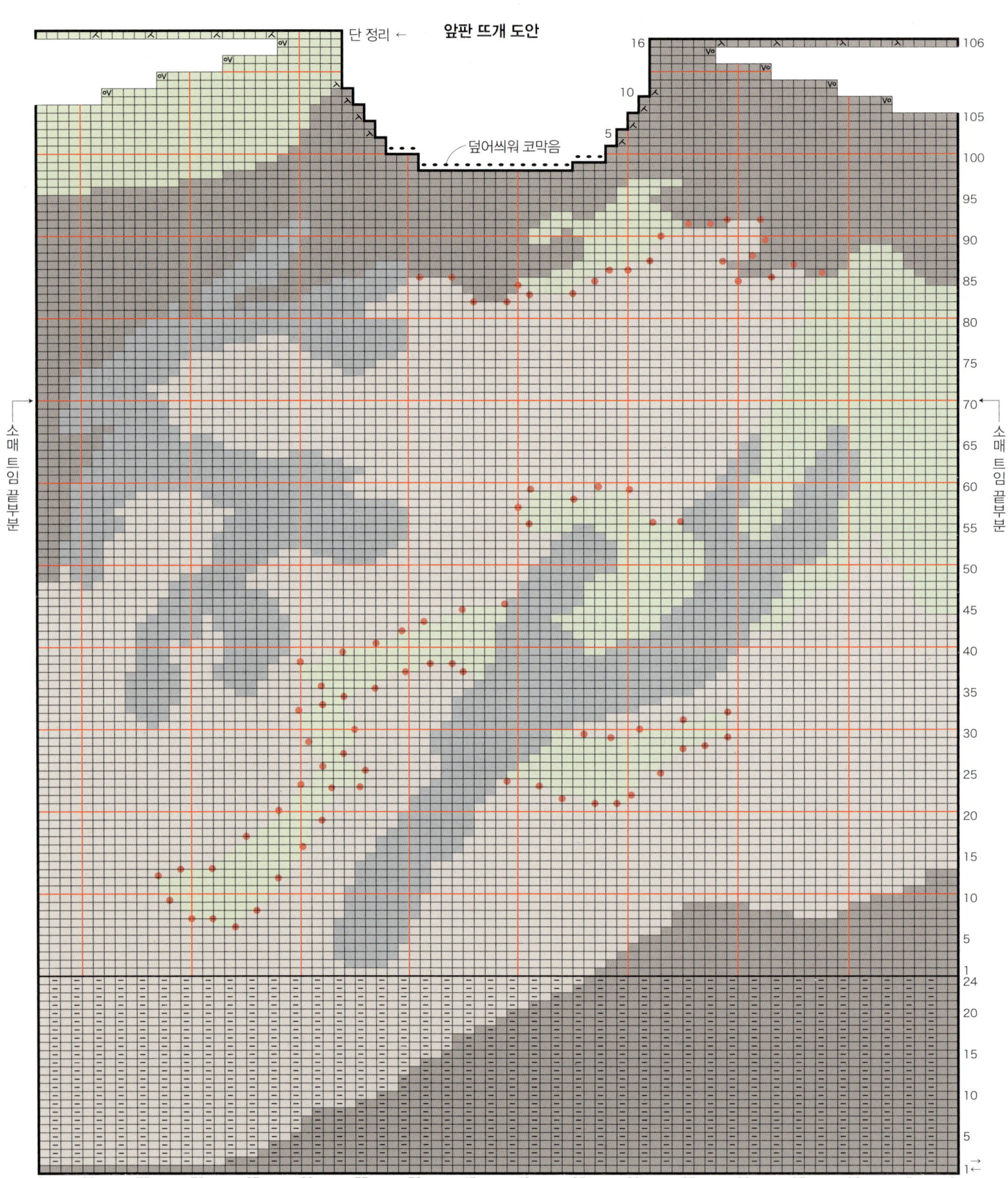

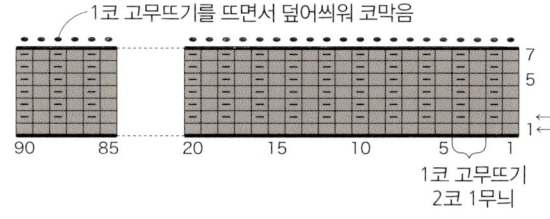

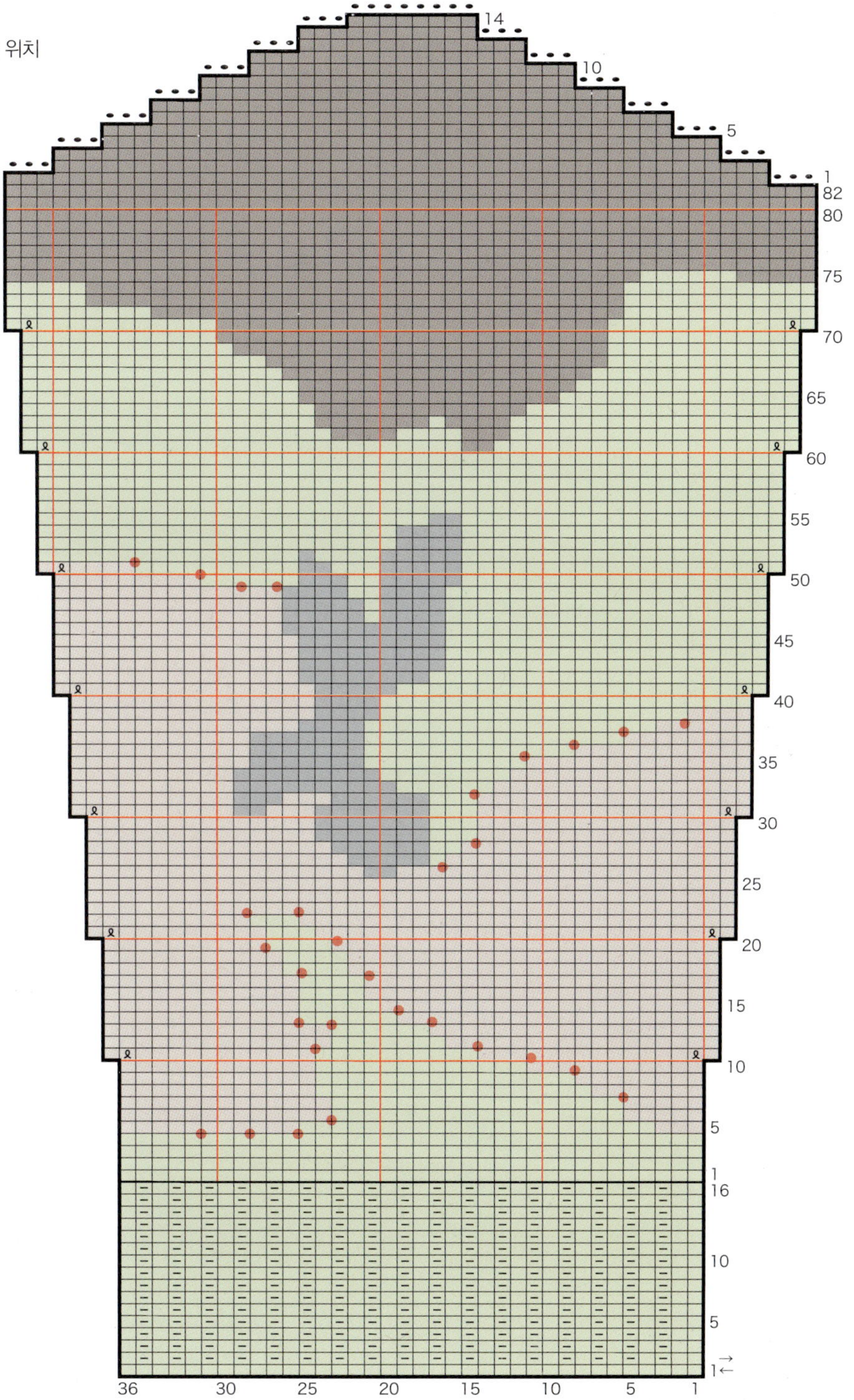

27쪽 11

[실]
퍼피 유리카 모헤어
연갈색(311) 140g
퍼피 브리티시 에로이카
진갈색(208) 65g
그래스 그린(197) 50g
퍼피 프리미티보
차콜(105) 50g

[기타 재료]
토호 스팽글 육각형
오렌지(810, 6mm) 63개

[도구]
막힘 대바늘 2개 세트 9호
코바늘 9/0호(시작코용)

[게이지](10×10cm)
배색무늬뜨기 16코 22단

[완성 치수]
폭 약 20cm, 길이 163.5cm

[뜨는 방법]
1. 풀어내는 시작코를 만들어 배색무늬뜨기로 목도리를 뜨고, 덮어씌워 코막음을 한다.
   ※배색무늬뜨기는 세로 배색뜨기로 뜬다.
2. 시작코를 풀어내어 코를 줍고, 첫째 단과 같은 색으로 덮어씌워 코막음을 한다.
3. 스팽글을 지정한 위치에 단다.
4. 가장자리를 떠서 꿰매기로 잇고, 위아래를 감침질한다.

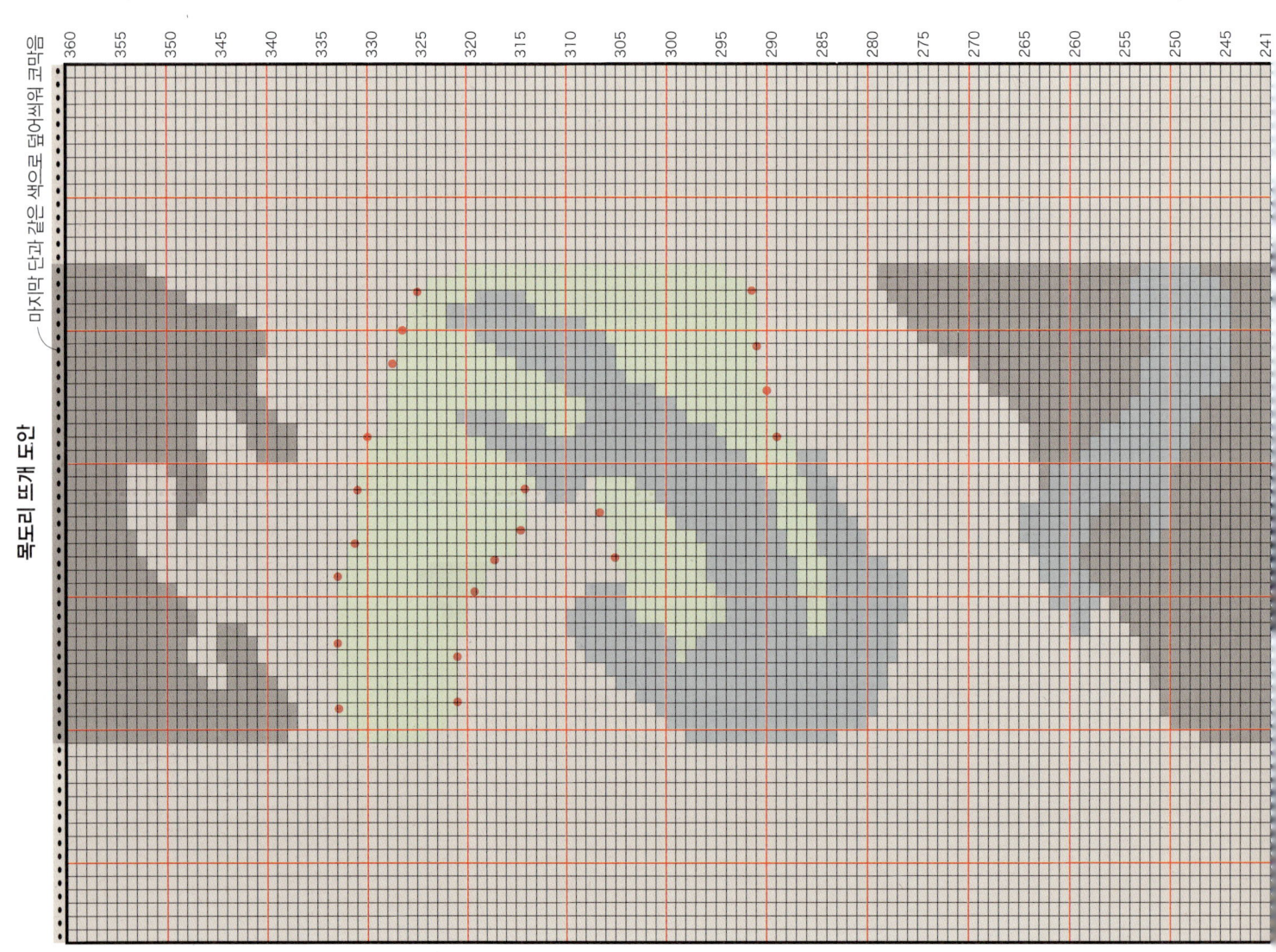

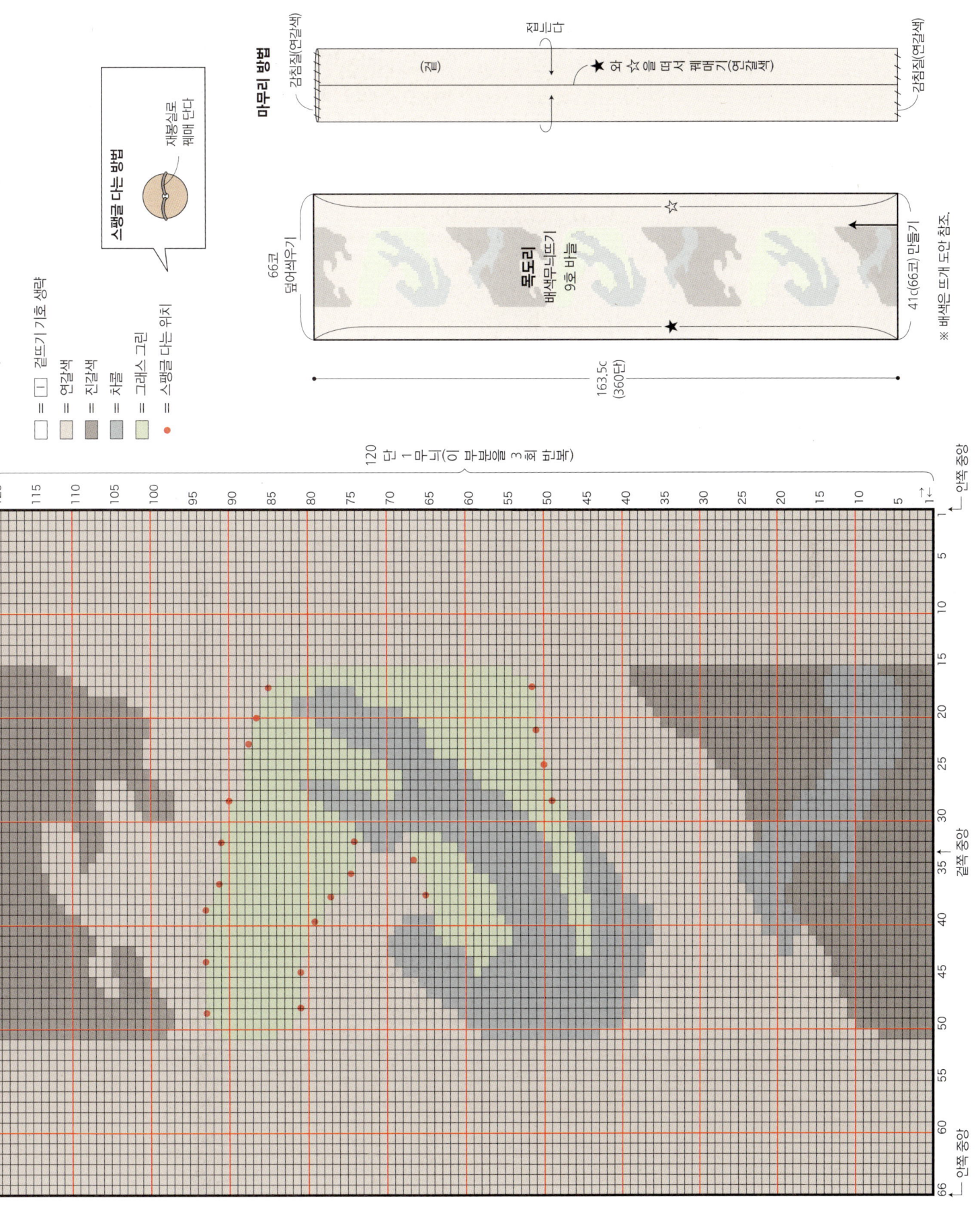

28, 29쪽 12

〔실〕
퍼피 퀸 아니
차콜(946) 440g
오프화이트(869) 5g
라이트 베이지(101) 5g
핑크 오렌지(988) 3g
민트 그린(989) 3g
카민 레드(109) 1g
가닛(817) 1g
라이트 그레이(976) 1g
퍼피 미루아르 〈페를〉
골드(404) 소량

〔도구〕
막힘 대바늘 2개 세트 6호, 4호
대바늘 4개 세트 4호
코바늘 6/0호(어깨, 소매 잇기용)

〔게이지〕(10×10cm)
메리야스뜨기, 배색무늬뜨기 19코 27단

〔완성 치수〕
가슴둘레 96cm, 어깨너비 39cm
기장 57cm, 소매 길이 56cm

〔뜨는 방법〕
1. 일반적인 시작코를 만들고 무늬뜨기, 메리야스뜨기로 뒤판, 소매를 뜬다.
2. 일반적인 시작코를 만들고 무늬뜨기, 배색무늬뜨기로 앞판을 뜬다.
   ※배색무늬뜨기는 세로 배색뜨기로 뜬다.
3. 앞판에 자수를 놓는다.
4. 어깨는 코바늘을 이용해 빼뜨기로 잇는다.
5. 목둘레를 무늬뜨기로 원통으로 뜨고, 덮어씌워 코막음을 한다.
6. 몸판 옆선, 소매 옆선을 떠서 꿰매기로 잇는다.
7. 소매를 코바늘을 이용해 빼뜨기로 몸판에 연결한다.

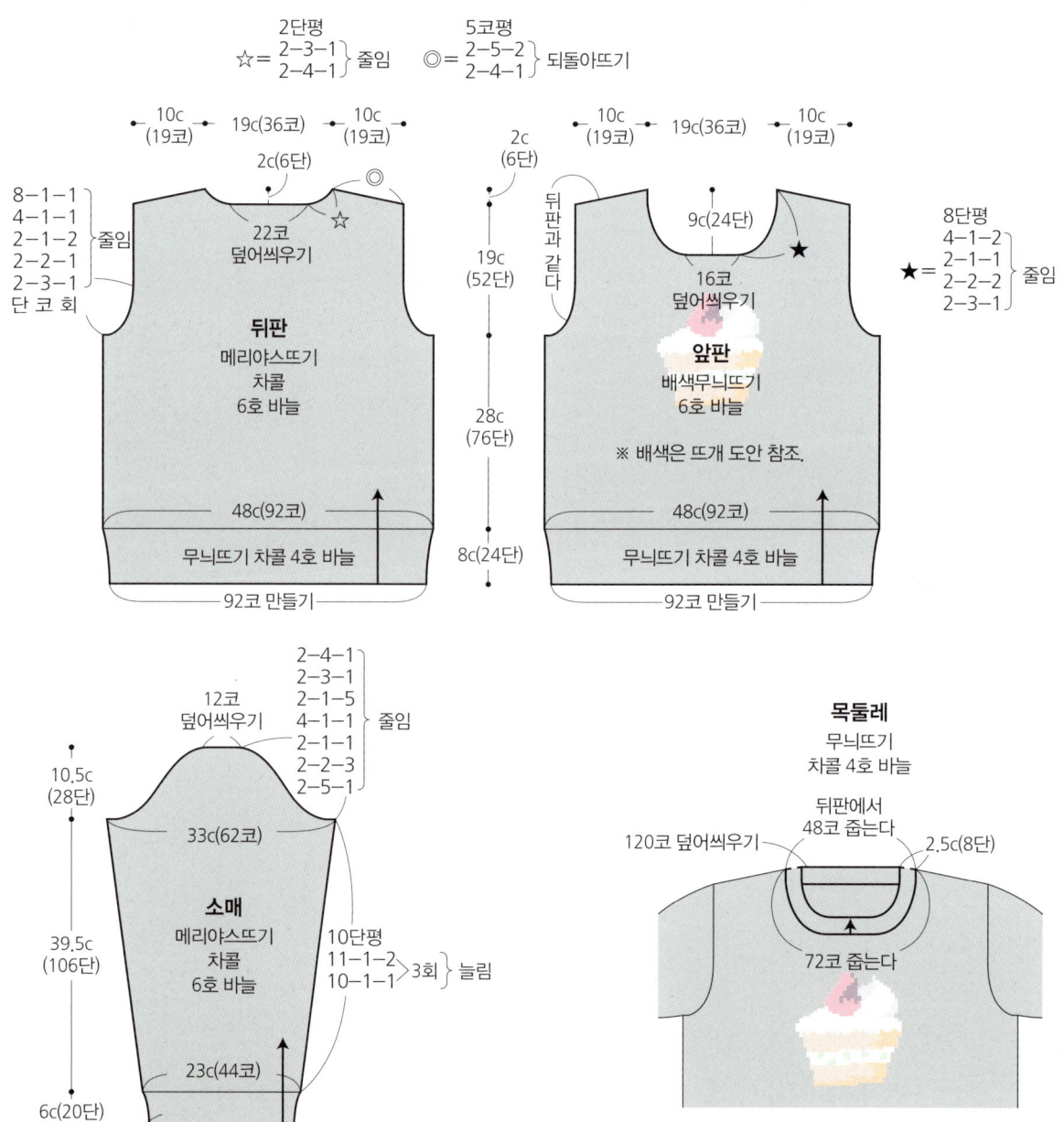

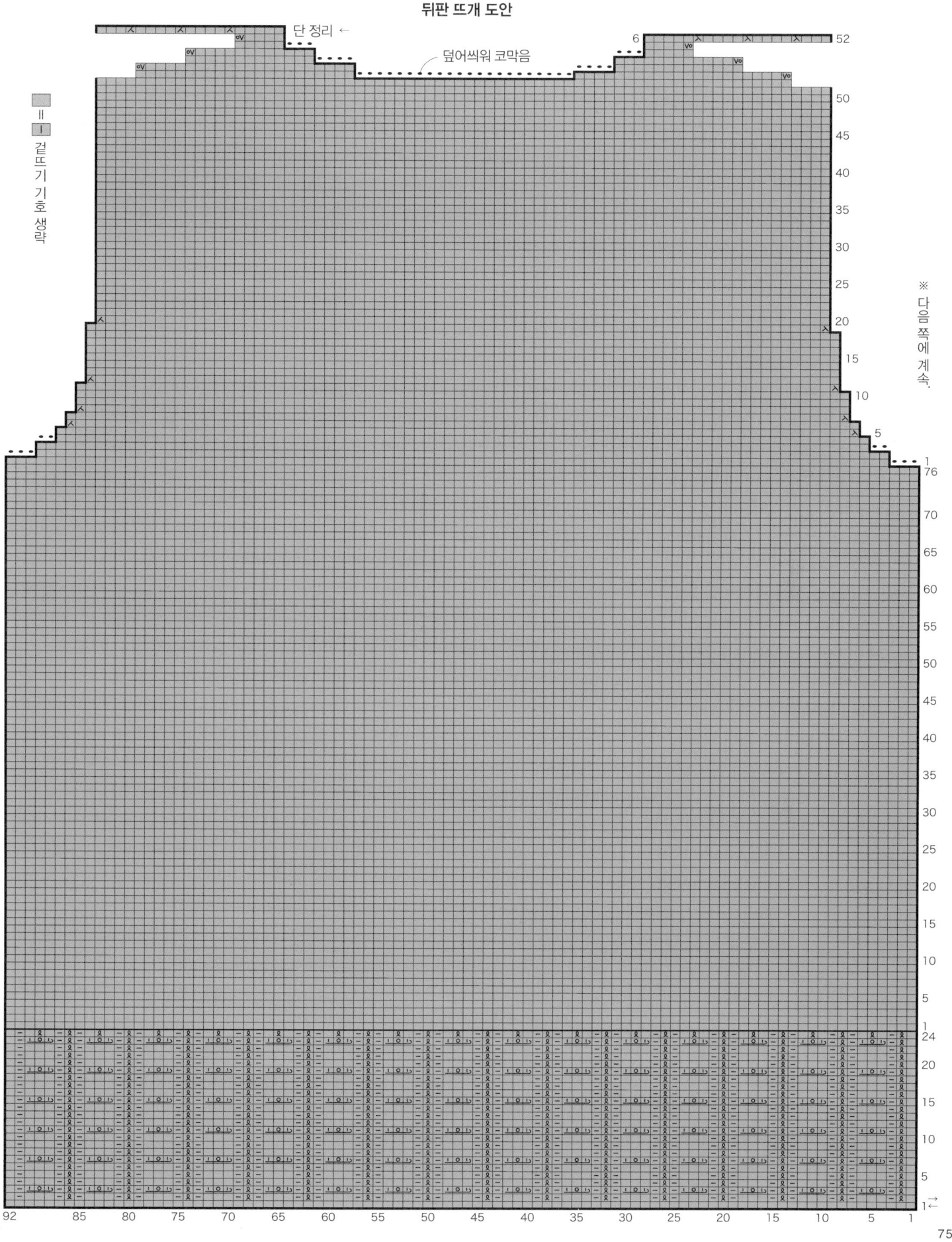

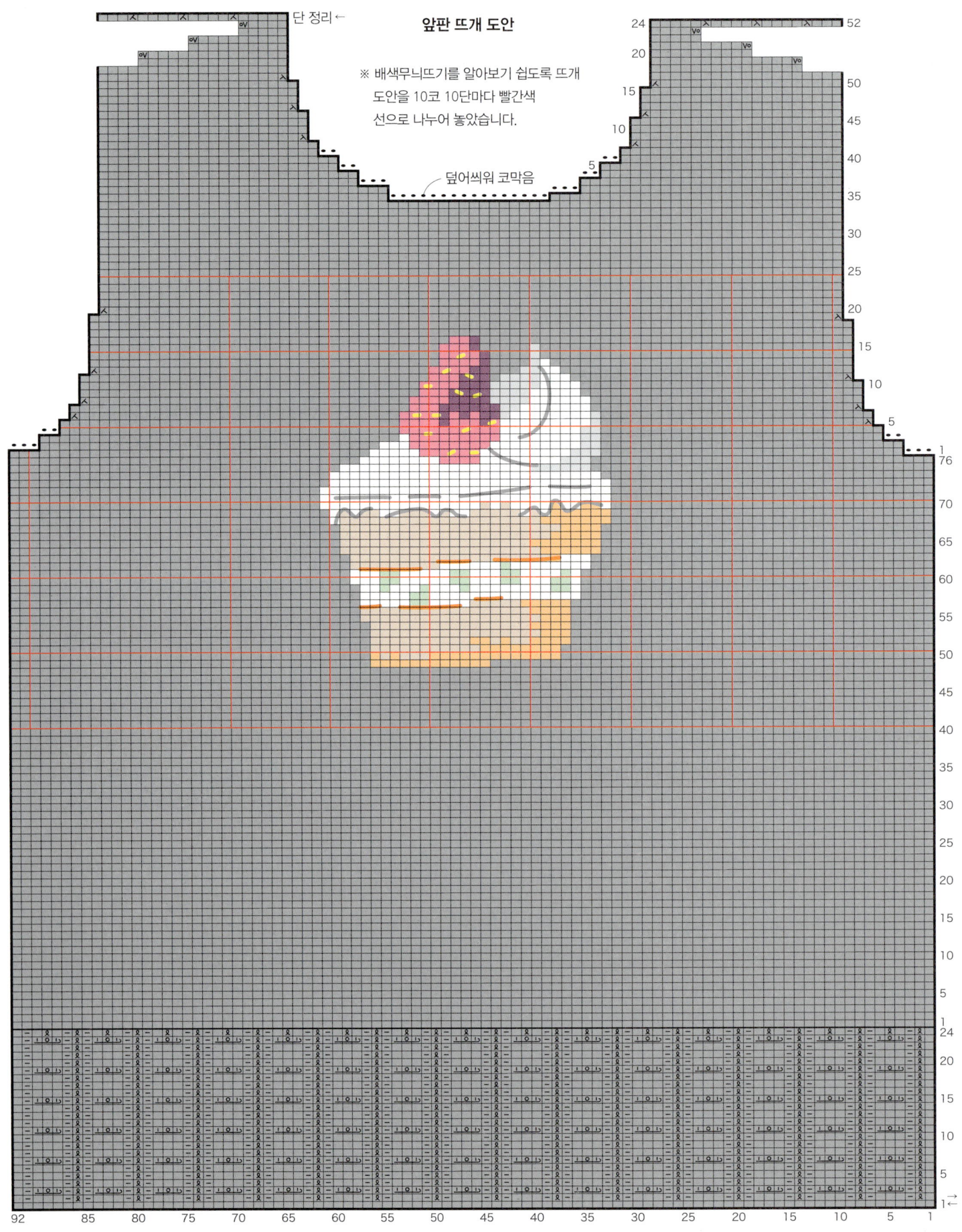

목둘레 뜨개 도안

무늬뜨기를 뜨면서 덮어씌워 코막음

무늬뜨기 6코 1무늬

소매 뜨개 도안

덮어씌워 코막음

□ = ① 겉뜨기 기호 생략
⚇ = 돌려뜨기로 코 늘리기

■ = 차콜
□ = 오프화이트
■ = 라이트 베이지
■ = 핑크 오렌지
■ = 민트 그린
■ = 카민 레드
■ = 가닛
■ = 라이트 그레이

— = 핑크 오렌지색 실의 가닥을 나눈 실로 아우트라인 스티치
— = 라이트 그레이색 실의 가닥을 나눈 실로 아우트라인 스티치
— = 골드색 실 2가닥으로 스트레이트 스티치

30쪽 13

[실]
퍼피 퀸 아니
블루(111) 95g
오프화이트(869) 5g
라이트 베이지(101) 5g
핑크 오렌지(988) 3g
민트 그린(989) 3g
카민 레드(109) 1g
가닛(817) 1g
라이트 그레이(976) 1g
퍼피 미루아르 〈페를〉
골드(404) 소량

[기타 재료]
안주머니용 천 20×56cm
헤링본 테이프(폭 1.5cm) 111cm

[도구]
막힘 대바늘 2개 세트 6호
코바늘 6/0호

[게이지](10×10cm)
메리야스뜨기, 배색무늬뜨기
20.5코 27단

[완성 치수]
세로 25.5cm, 가로 17cm

[뜨는 방법]
1. 일반적인 시작코를 만들어 메리야스뜨기로 뒷면을, 배색무늬뜨기로 앞면을 각각 뜨고, 덮어씌워 코막음을 한다.
   ※ 배색무늬뜨기는 세로 배색뜨기로 뜬다.
2. 앞면에 자수를 놓는다.
3. 바닥을 메리야스 잇기. 옆선을 떠서 꿰매기로 잇는다.
4. 가장자리뜨기를 뜬다.
5. 사슬뜨기 시작코를 만들고, 짧은뜨기로 어깨끈을 뜬다.
6. 어깨끈을 그림처럼 마무리한다.
7. 안주머니를 만들고, 어깨끈과 같이 포셰트에 꿰매 달아준다.

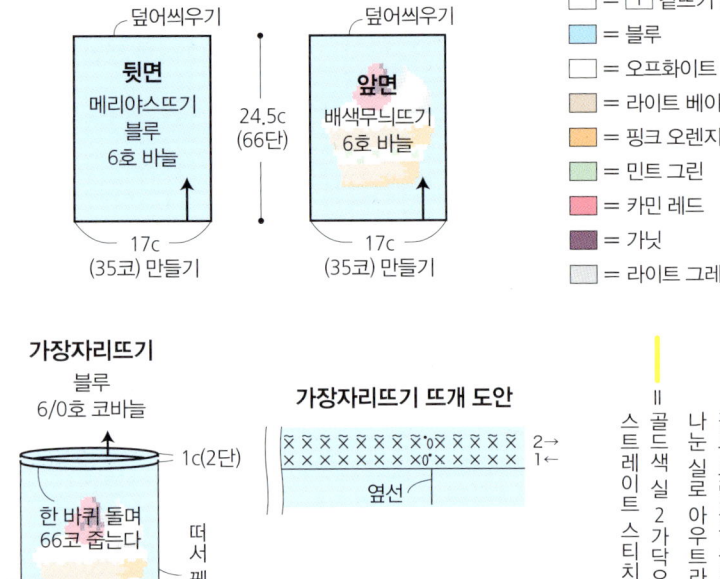
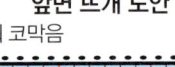
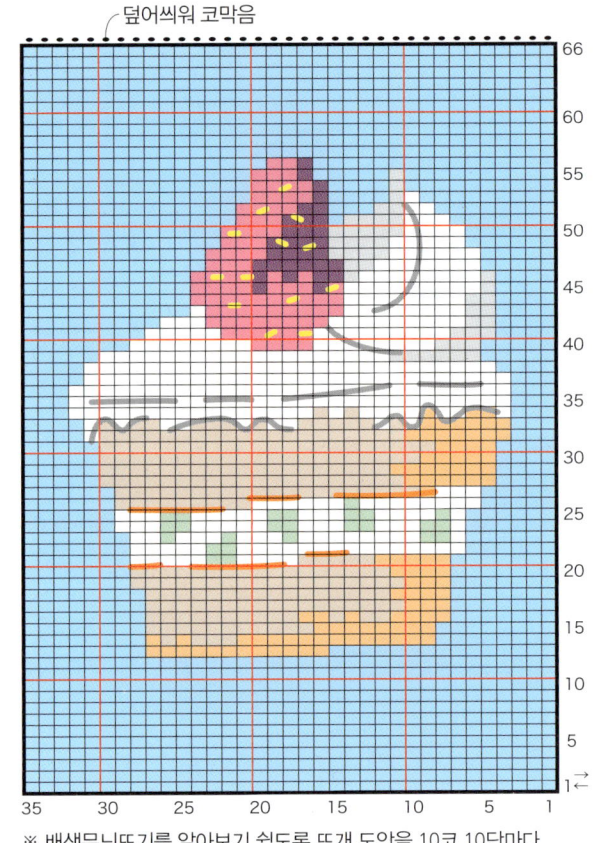

실 가닥 나누는 방법

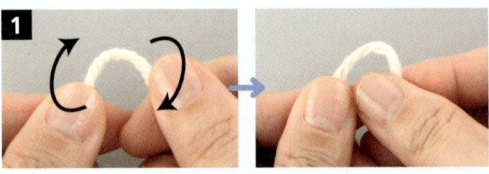

실을 30~40cm 길이로 자른다. 가운데 부분을 양손으로 잡고, 화살표처럼 실을 비틀어 꼬임을 풀어준다.

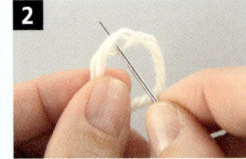

꼬임이 풀린 실의 올 사이로 바늘을 넣어 2올을 끌어올린다.

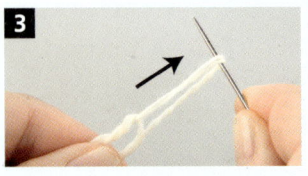

돗바늘을 천천히 잡아당겨 2올을 빼낸다.

빼낸 실 2올을 다시 꼬고, 다리미로 스팀을 쏘여 정돈한다.

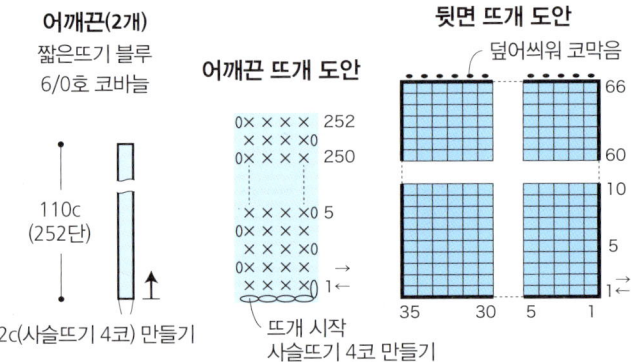

안주머니 만드는 방법

※ 55쪽 5, 58쪽 6의 안주머니도 같은 방법으로 만든다.

① 천을 재단한다.

※ 치수는 표준 치수입니다. 실제로 뜬 작품의 크기에 맞춰 시접을 더해서 재단하세요.

② 옆선을 꿰맨다.

③ 바닥의 양쪽 끝을 삼각형으로 잘라낸다.

④ 시접을 벌려 다림질을 한다.

⑤ 가방 입구의 시접을 안쪽으로 접어 다림질을 한다.

어깨끈 마무리 방법

※ 55쪽 5의 손잡이, 58쪽 6의 어깨끈도 같은 방법으로 마무리한다.

① 어깨끈(1개) 안쪽에 헤링본 테이프를 꿰매 고정한다.

② 나머지 어깨끈 1개를 위에 올려놓고, 양쪽 옆선을 블루색으로 감침질한다.

마무리 방법

포셰트 안쪽에 어깨끈, 안주머니를 꿰매 단다.

포셰트 안쪽에 어깨끈을 놓는다.

그 위에 안주머니를 놓고 꿰매 단다.

One point

안주머니를 꿰매기가 어려울 경우에는 시중에서 판매하는 토트백을 이용해도 됩니다.

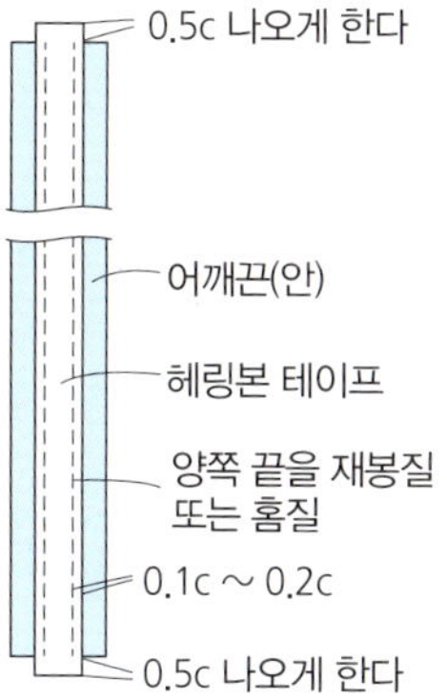

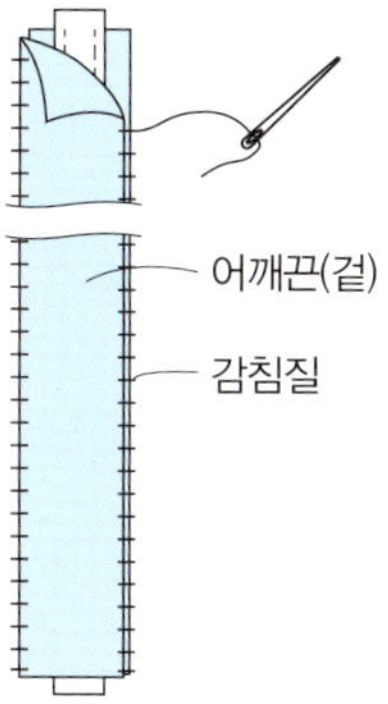

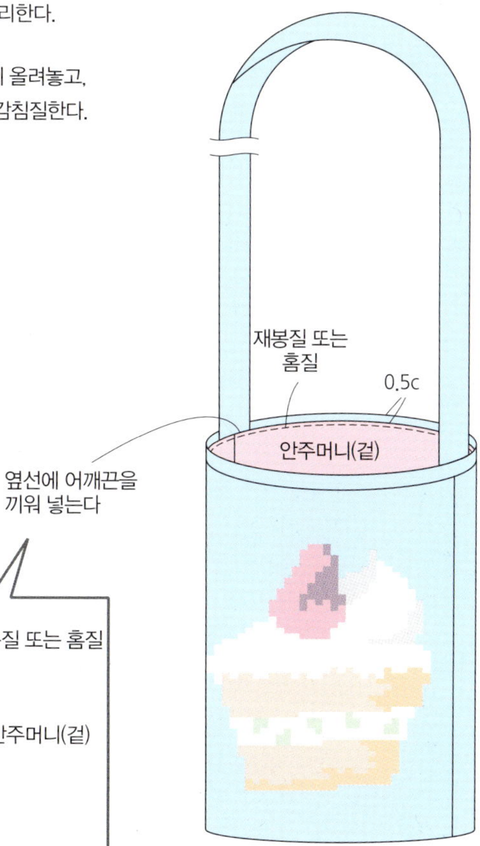

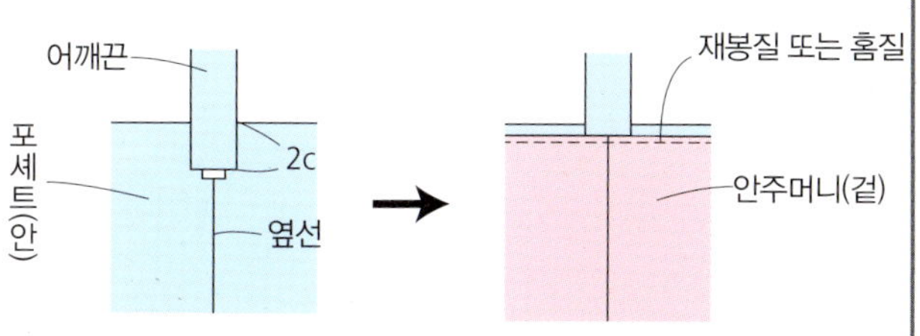

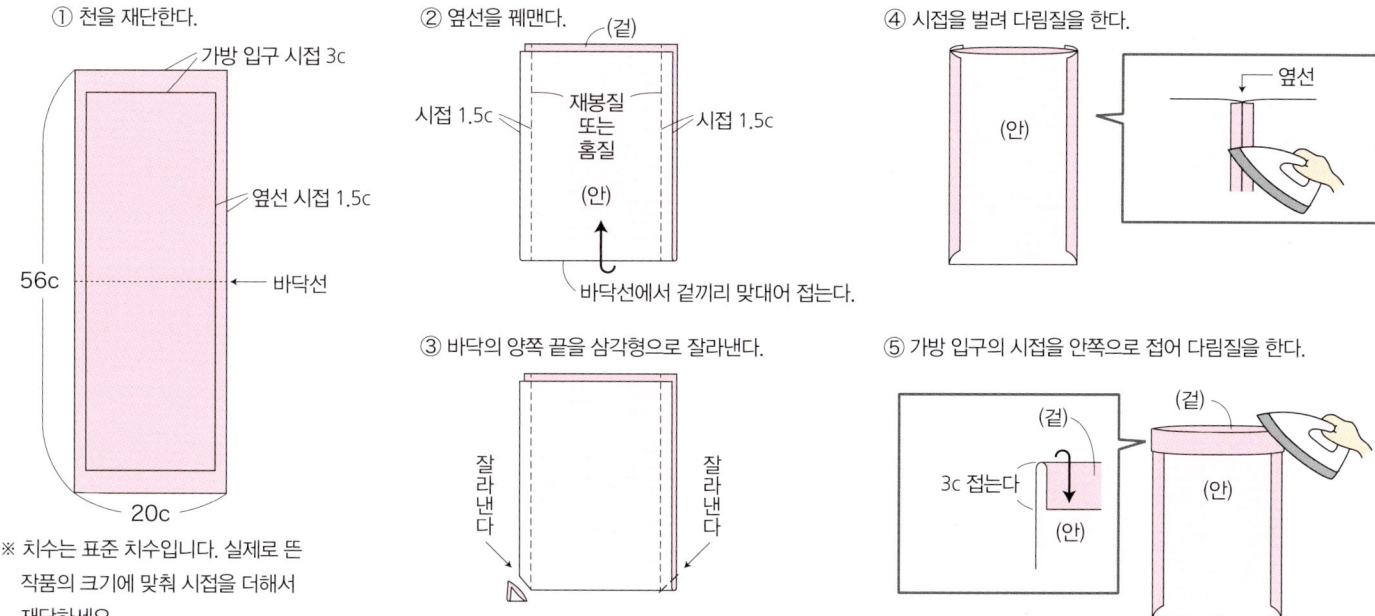

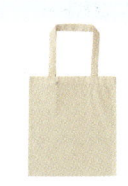

31쪽 14

〔실〕
a 리치 모어 ELK
그레이(62) 45g
리치모어 퍼센트
그레이(121) 5g
핑크(72) 1g
연녹색(109) 1g
노란색(101) 소량

b 리치 모어 ELK
흰색(57) 45g
리치모어 퍼센트
흰색(1) 5g
연녹색(109) 1g
보라색(60) 1g
핑크(72) 소량
노란색(101) 소량

〔기타 재료〕
하마나카 펠트 신발 바닥
(H204–630, 24.5cm) 1세트

〔도구〕
코바늘 7/0호, 4/0호

〔완성 치수〕
사이즈 24.5cm

※ 옆면, 발등, 신발 입구를 촘촘하게 떠서 23.5cm 전후인 사람도 신을 수 있습니다.

〔뜨는 방법〕
1. 펠트 신발 바닥에서 코를 줍고, 짧은뜨기로 옆면을 원통으로 뜬다.
2. 옆면에서 코를 주워 짧은뜨기로 발등을 뜨고, 지정한 위치를 감침질한다.
3. 신발 입구에 가장자리뜨기를 뜬다.
4. 사슬뜨기로 시작코를 만들고, 짧은뜨기로 귀, 눈, 코를 각각 뜬다.
5. 귀, 눈, 코를 옆면과 발등에 달고, 자수를 놓는다.

발등
4 …5코(3코 줄임)
3 …8코
2 …16코 } 단마다 8코 줄임
1 …옆면에서 24코 줍는다
단

옆면, 발등 뜨개 도안
짧은뜨기 ELK
7/0호 코바늘

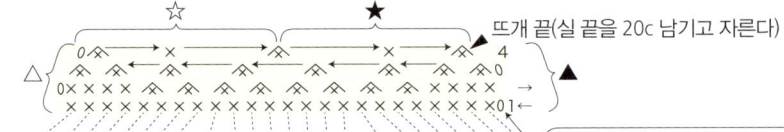

옆면
9 …60코
8 …67코 } 단마다 7코 줄임
7 …74코
~ } 증감 없음
2 …74코
1 …펠트 신발 바닥 구멍에서 74코 줍는다
단 (1구멍에서 1코씩 줍는다)

귀 뜨개 도안(2개)
짧은뜨기
a:핑크 b:연녹색
4/0호 코바늘

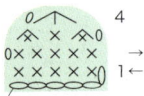

뜨개 시작
사슬뜨기 5코 만들기

눈 뜨개 도안(2개)
짧은뜨기
a:연녹색 b:보라색
4/0호 코바늘

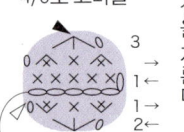

뜨개 시작
사슬뜨기 5코 만들기

코 뜨개 도안(2개)
짧은뜨기
a:노란색 b:핑크
4/0호 코바늘

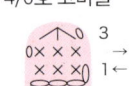

뜨개 시작
사슬뜨기 3코 만들기

신발 입구 뜨개 도안

∧ = ∧ 짧은뜨기 3코 모아뜨기

신발 입구
가장자리뜨기
a: 퍼센트 그레이
b: 퍼센트 흰색
4/0호 코바늘

☆와 ★를 감침질한다.
1c (2단)
△·▲에서 10코 줍는다
◎에서 36코 줍는다

마무리 방법
① 귀, 눈, 코를 발등에 달아준다.

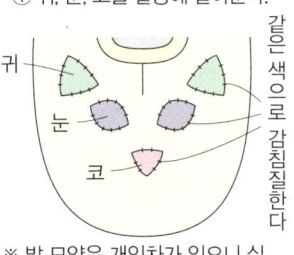

※ 발 모양은 개인차가 있으니 실제로 신어보고 원하는 위치에 귀, 눈, 코를 배치하세요.

② 자수를 놓는다.

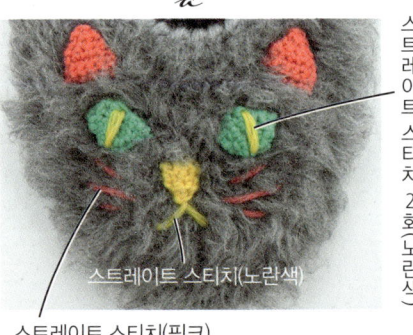

스트레이트 스티치(노란색)
스트레이트 스티치(핑크)

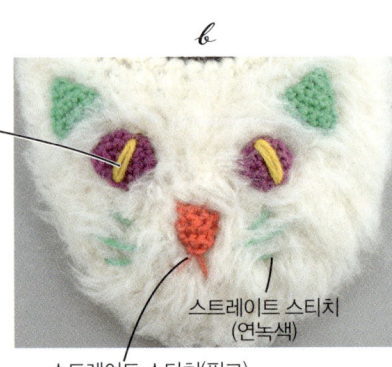

스트레이트 스티치 2회(노란색)
스트레이트 스티치(연녹색)

34, 35쪽 16

〔실〕
퍼피 퀸 아니
라일락(983) 330g
짙은 그레이(833) 10g
오프화이트(869) 10g
베이지(955) 10g
로즈 그레이(991) 10g
핑크(970) 1g
민트 그린(989) 소량

퍼피 프리미티보
그레이(101) 6g
흰색(102) 5g

〔도구〕
막힘 대바늘 2개 세트 6호, 4호
대바늘 4개 세트 4호
코바늘 6/0호(어깨 잇기용)

〔게이지(10×10cm)〕
메리야스뜨기, 배색무늬뜨기 18코 28단

〔완성 치수〕
가슴둘레 100cm, 어깨너비 45cm,
기장 66cm

〔뜨는 방법〕
1. 일반적인 시작코를 만들고 2코 고무뜨기, 메리야스뜨기로 뒤판을 뜬다.
2. 일반적인 시작코를 만들고 2코 고무뜨기, 배색무늬뜨기로 앞판을 뜬다.
   ※배색무늬뜨기는 세로 배색뜨기로 뜬다.
3. 앞판에 자수를 놓는다.
4. 어깨를 빼뜨기 잇기로 잇고, 옆선을 떠서 꿰매기로 잇는다.
5. 목둘레, 진동둘레를 2코 고무뜨기로 원통으로 뜨고, 덮어씌워 코막음을 한다.

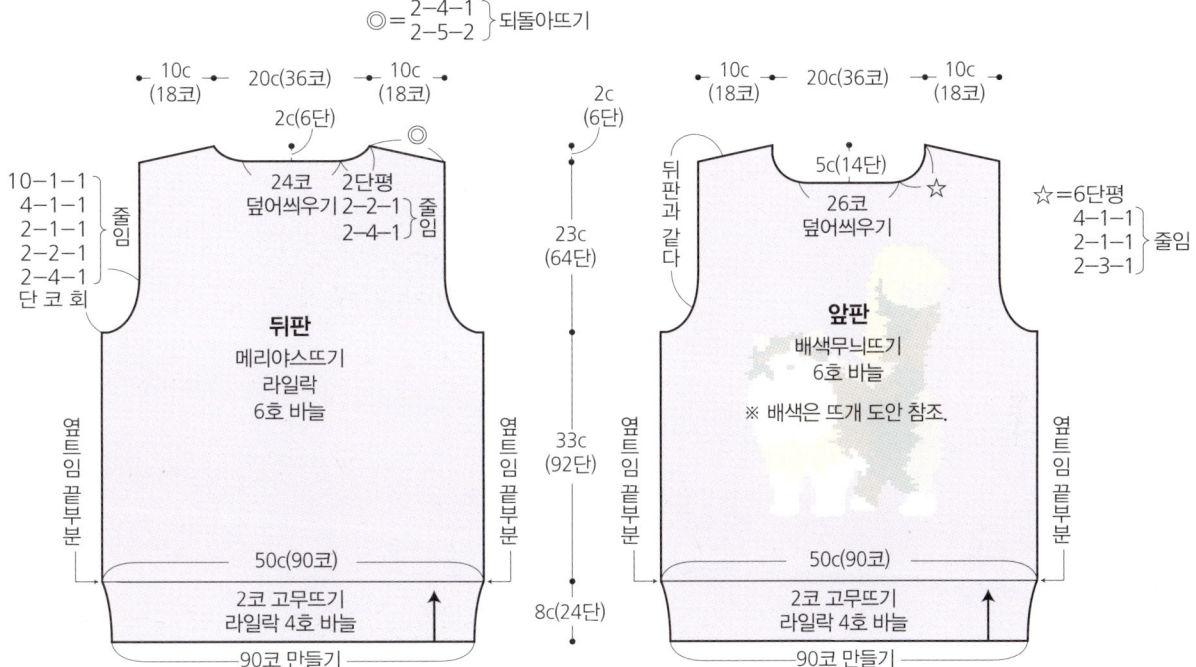

얼굴 자수

아웃라인 스티치 (짙은 그레이)

아웃라인 스티치 (짙은 그레이색 실의 가닥을 나눈 실)

스트레이트 스티치 2회 (짙은 그레이)

스트레이트 스티치 (짙은 그레이)

아웃라인 스티치 (로즈 그레이색 실의 가닥을 나눈 실)

※ 실 가닥 나누는 방법은 78쪽 참조.

※ 다음 쪽에 계속.

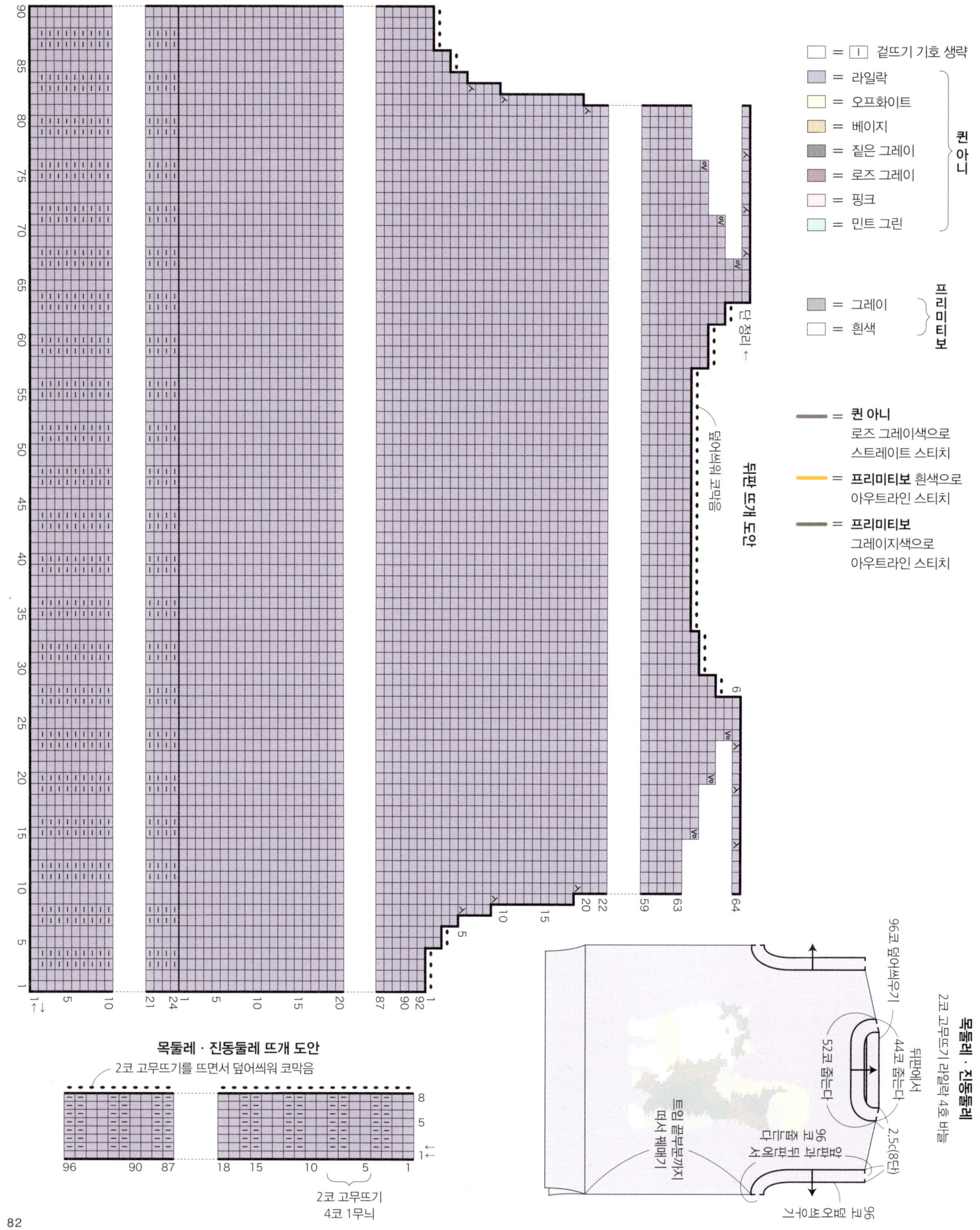

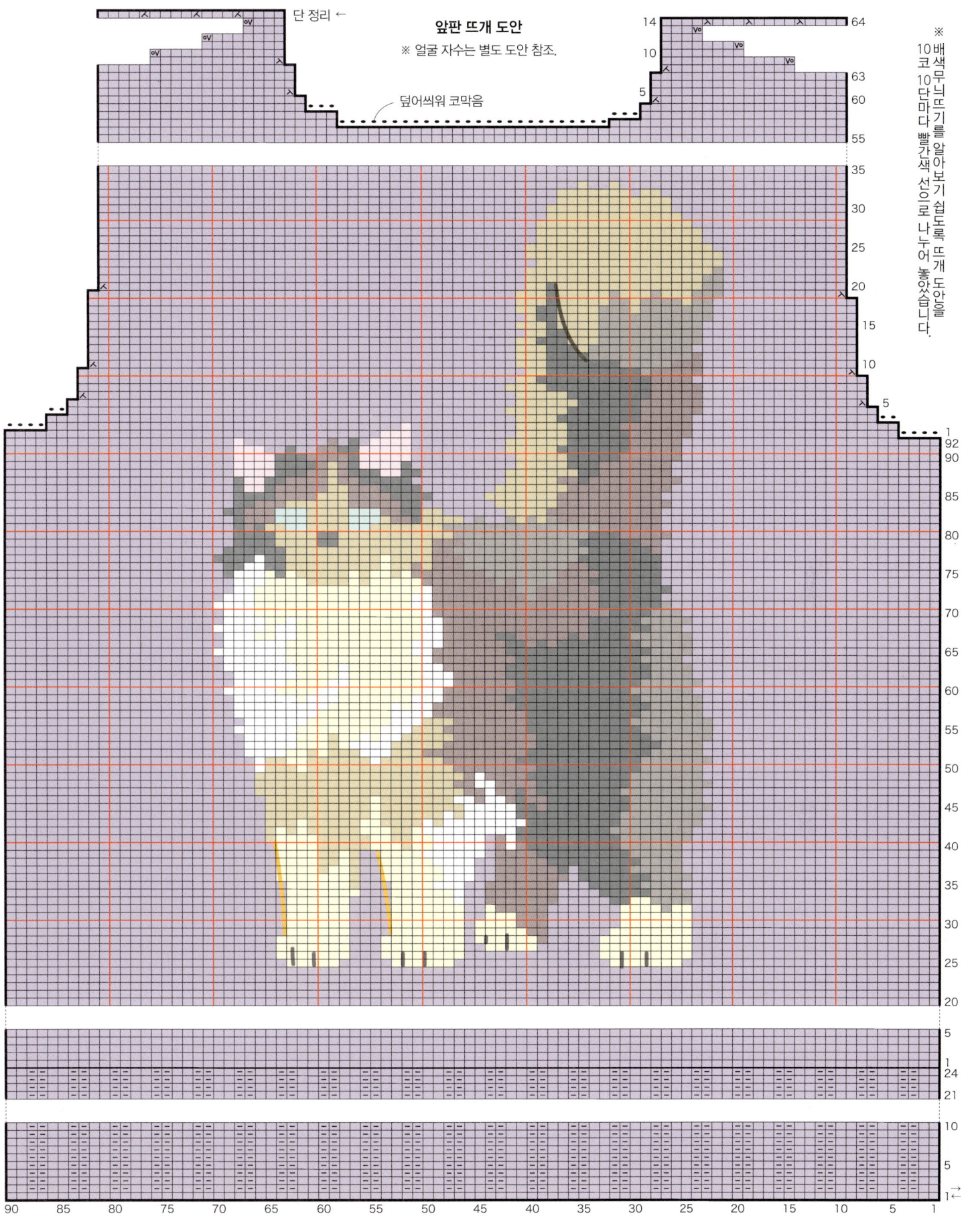

32, 33쪽 15

〔실〕
DARUMA 스프라우트
아이보리(1) 45g
DARUMA 울 모헤어
아이보리(1) 35g
그레이(6) 35g
DARUMA 원모에 가까운 메리노 울
라이트 베이지(16) 25g
DARUMA LOOP
아이보리(1) 25g
DARUMA 수방적풍 탬사
블루 그레이(16) 25g
미모사(15) 5g
아이보리(1) 3g
DARUMA 페이크 퍼
그레이(1) 7.5m

〔도구〕
막힘 대바늘 2개 세트 10호
코바늘 4/0호

〔게이지〕(10×10cm)
무늬뜨기A 16코 20단
무늬뜨기B 15.5코 22단
무늬뜨기C 17.5코 20단

〔완성 치수〕
폭 약 16cm, 길이 145cm(발 포함)

〔뜨는 방법〕
1. 풀어내는 시작코를 만들어 무늬뜨기 A, B, C로 목도리를 뜨고, 덮어씌워 코막음을 한다.
※ 무늬뜨기A, C는 가로 배색뜨기로 색을 바꾼다.
2. 시작코를 풀어내어 코를 줍고, 무늬뜨기 D로 머리를 뜬 다음 덮어씌워 코막음을 한다.
※ 무늬뜨기D는 세로 배색뜨기로 색을 바꾼다.
3. 자수를 놓는다.
4. 사슬뜨기 시작코를 만들고, 다리를 뜬다.
5. 옆선을 떠서 꿰매기로 잇는다.
6. 본체의 끝부분, 머리의 끝부분을 각각 감침질한다.
7. 발을 달고, 그 위를 페이크 퍼로 감침질한다.

= 울 모헤어 그레이
= 수방적풍 탬사 블루 그레이
= 수방적풍 탬사 미모사
= 수방적풍 탬사 아이보리

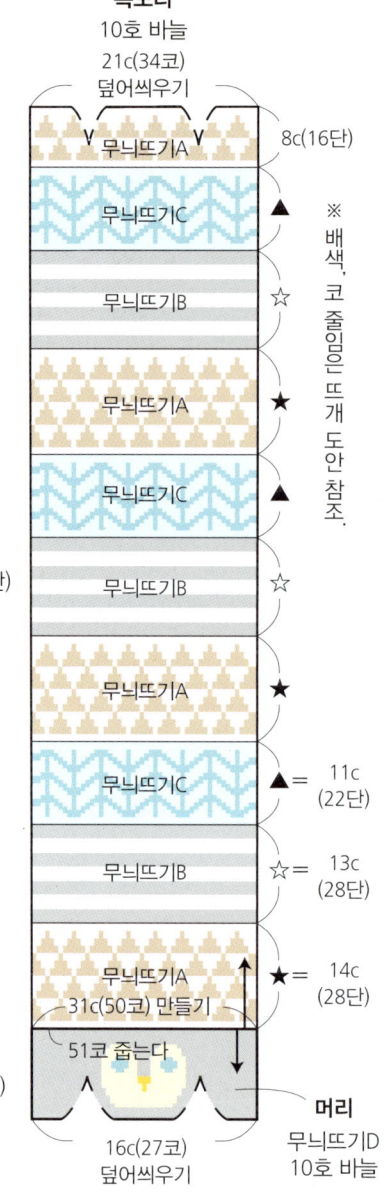

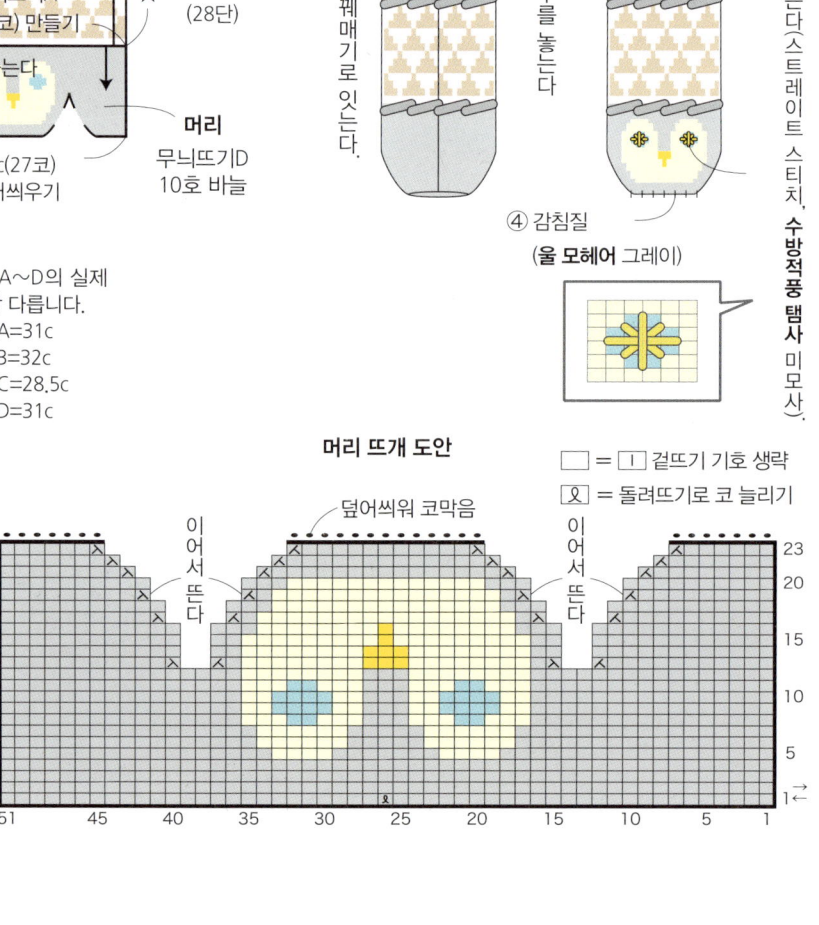

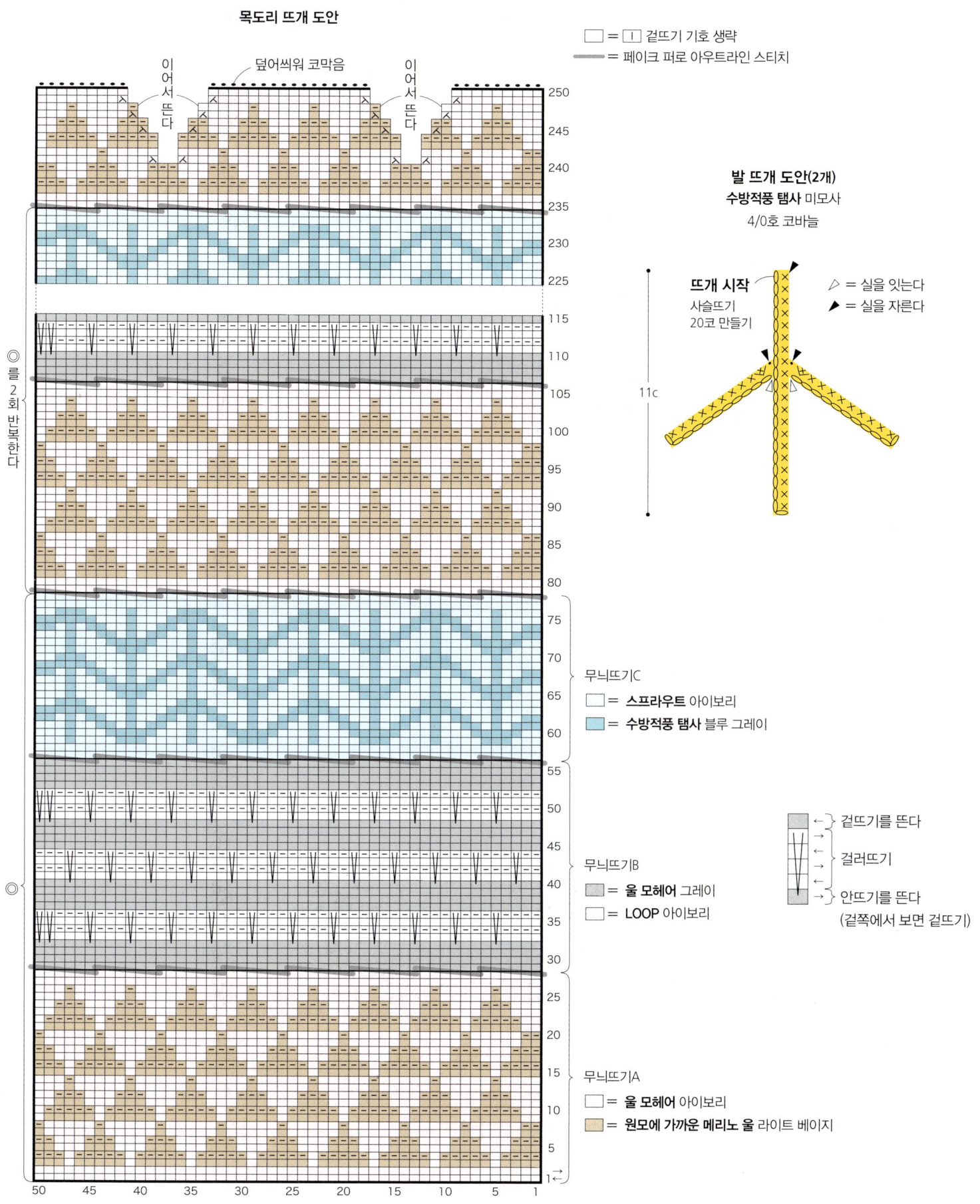

17

〔실〕
퍼피 유리카 모헤어
핑크(303) 265g
퍼피 키드 모헤어 파인
그레이(15) 30g
퍼피 미루아르〈페를〉
흰색×골드(402) 10g

〔기타 재료〕
단추(25mm) 4개
※ 투명 단추를 추천합니다.

〔도구〕
막힘 대바늘 2개 세트 9호, 7호
코바늘 9/0호(어깨, 소매 잇기용)

〔게이지〕(10×10cm)
메리야스뜨기, 배색무늬뜨기 15코 19단

〔완성 치수〕
가슴둘레 117cm, 어깨너비 49cm,
기장 60.5cm, 소매 길이 52.5cm

〔뜨는 방법〕
1. 일반적인 시작코를 만들고 1코 고무뜨기, 배색무늬뜨기로 뒤판, 좌우 앞판을 뜬다. ※ 배색무늬뜨기는 세로 배색뜨기로 뜬다.
2. 뒤판, 앞판에 자수를 놓는다.
3. 일반적인 시작코를 만들고 1코 고무뜨기, 메리야스뜨기로 소매를 뜬다.
4. 어깨는 코바늘을 이용해 빼뜨기로 잇는다.
5. 목둘레, 앞단을 1코 고무뜨기로 뜨고, 덮어씌우기 코막음을 한다.
   ※ 앞단은 세로 배색뜨기로 색을 바꾼다.
6. 몸판 옆선, 소매 옆선을 떠서 꿰매기로 잇는다.
7. 소매를 코바늘을 이용해 빼뜨기로 몸판에 연결한다.
8. 단추를 단다.

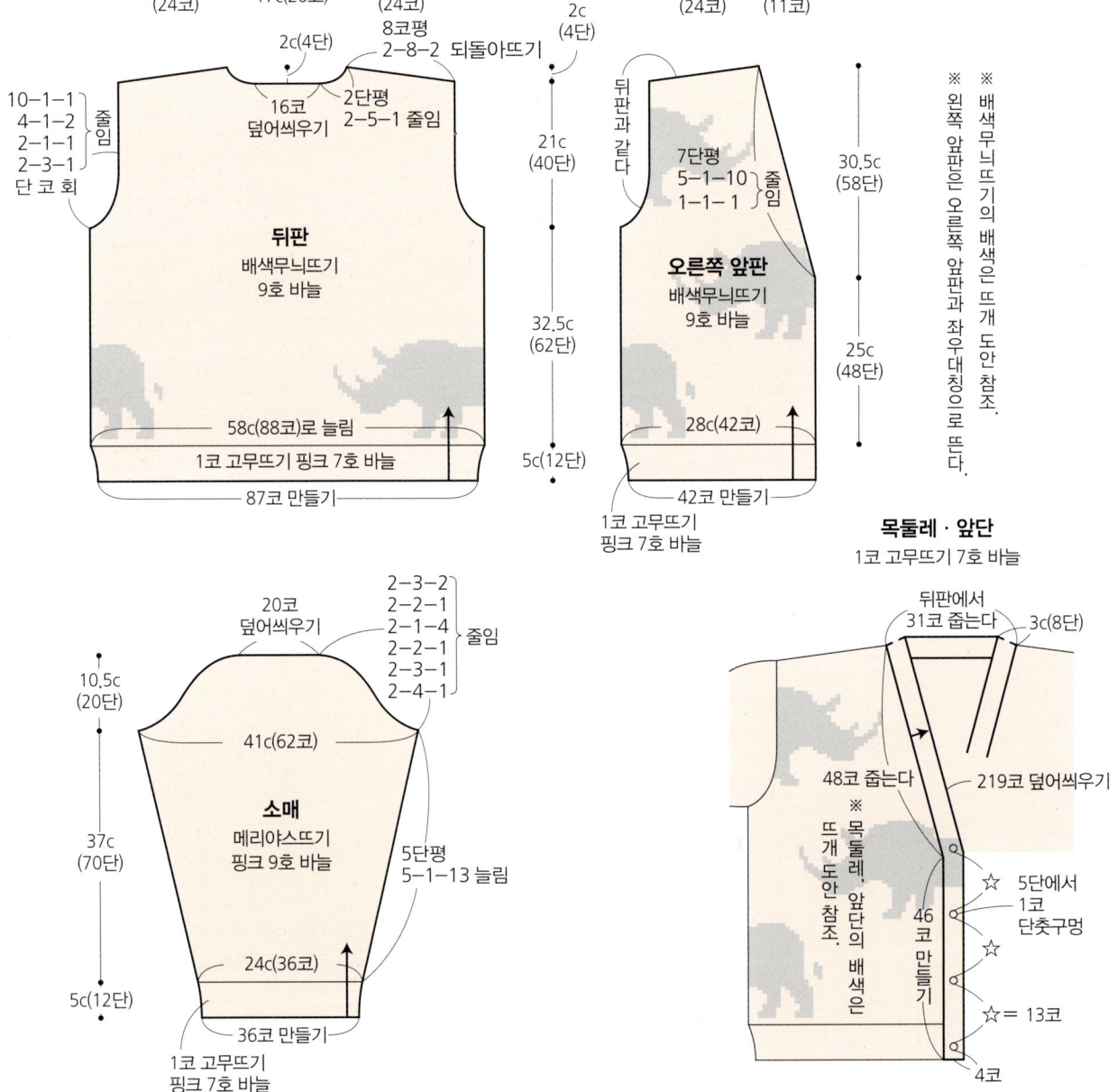

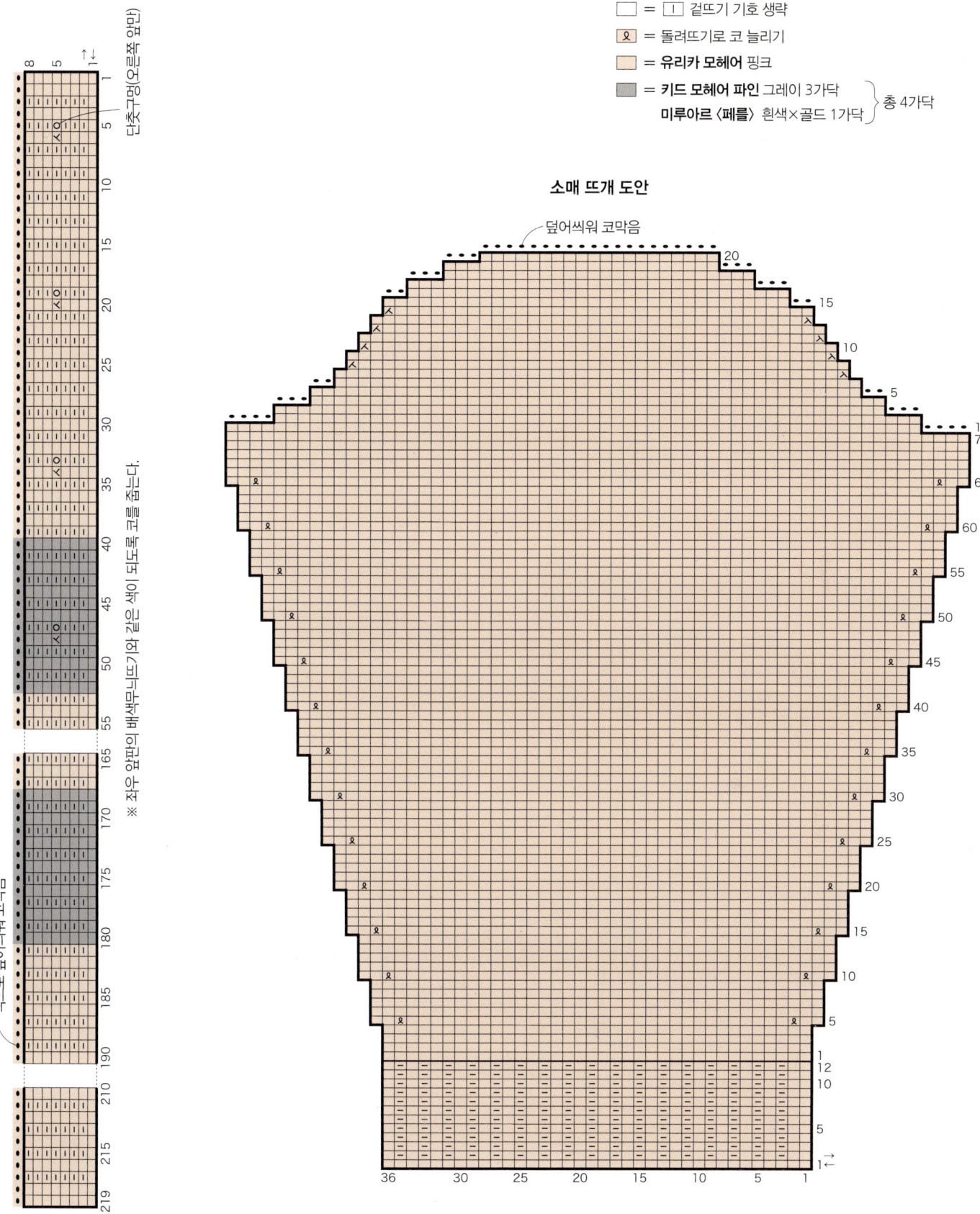

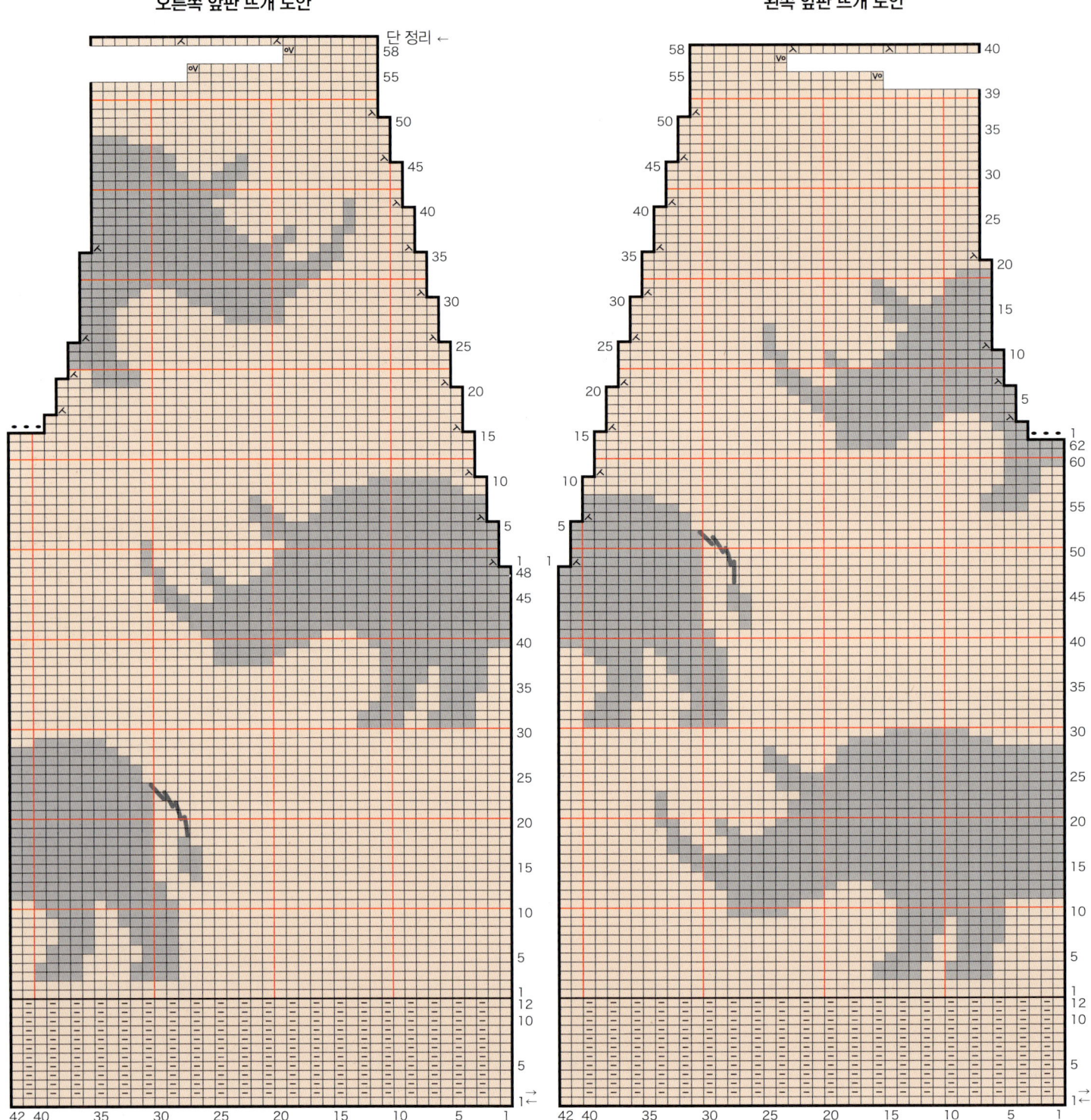

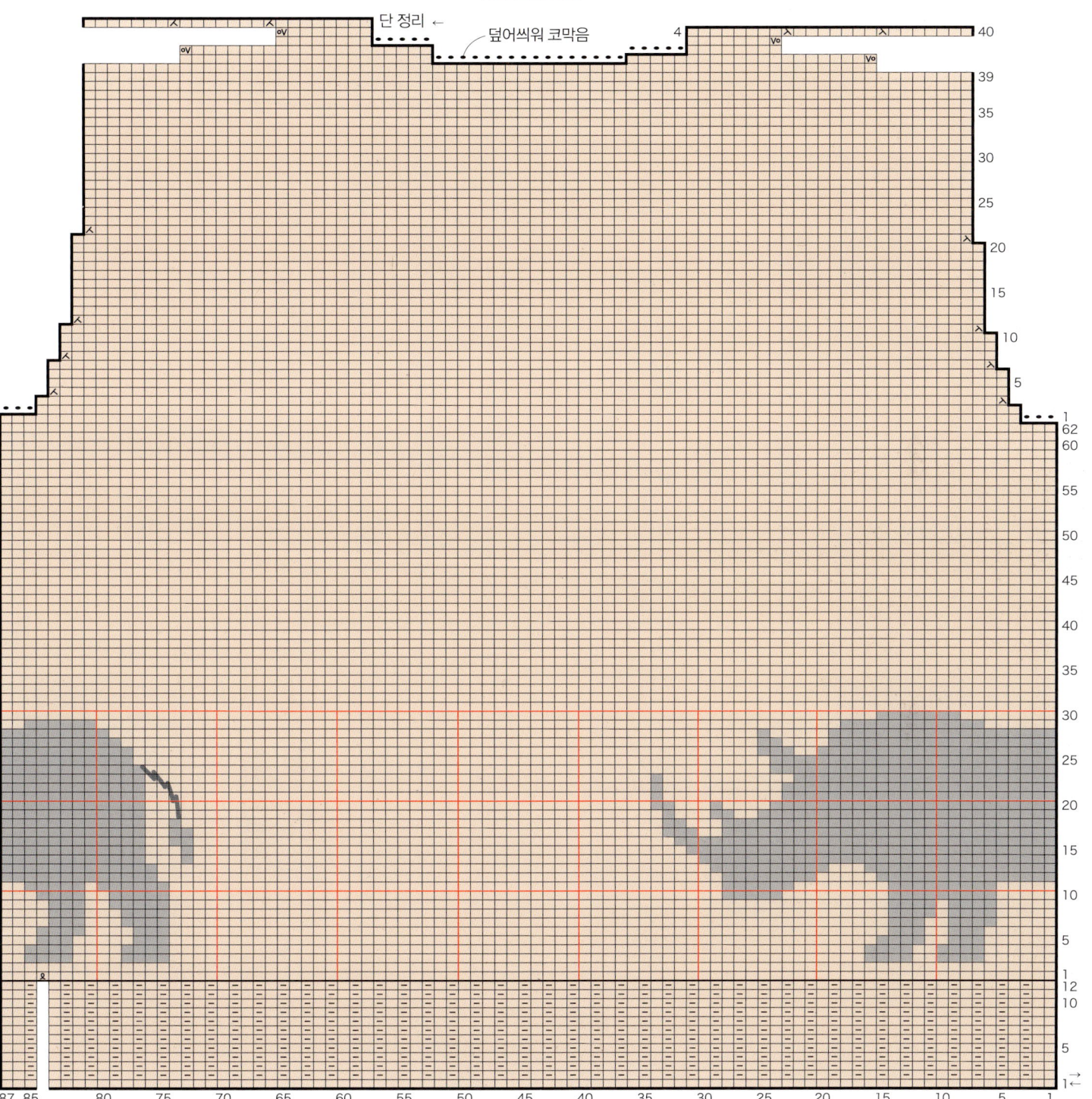

뜨개질을 시작하기 전에

전체 도안 보는 법

뜨개 약어

c = cm
만들기 = 시작코 만들기
늘림 = 코 늘리기
줄임 = 코 줄이기
덮어씌우기 = 덮어씌워 코막기
쉼코 = 쉬어두는 코
평 = 증감 없이 뜨기

치수와 콧수

어깨 되돌아뜨기
2단마다 6코씩 남기는 되돌아뜨기를 3회하고 6단에서 6코 남긴다.

가운데 부분의 19코를 덮어씌워 코막음한다.

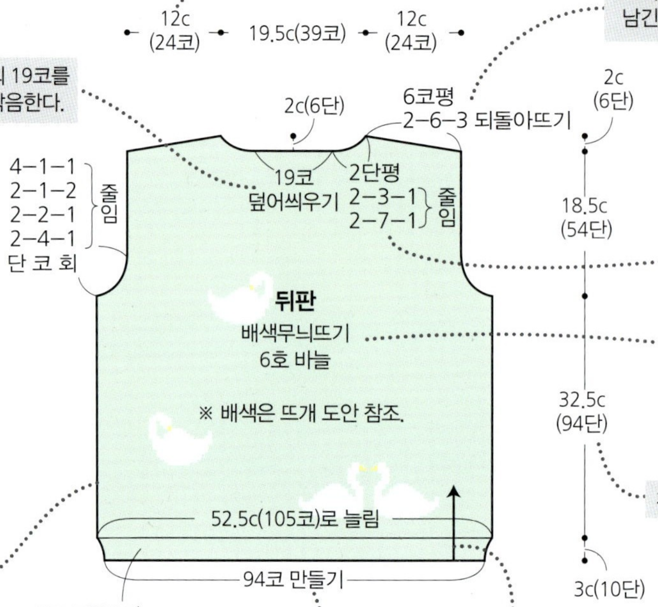

12c (24코)
19.5c(39코)
12c (24코)
2c(6단)
6코평
2-6-3 되돌아뜨기
2c (6단)
4-1-1
2-1-2
2-2-1
2-4-1
단 코 회
줄임
19코
덮어씌우기
2단평
2-3-1
2-7-1
줄임
18.5c (54단)
뒤판
배색무늬뜨기
6호 바늘
※ 배색은 뜨개 도안 참조.
32.5c (94단)
52.5c(105코)로 늘림
94코 만들기
3c(10단)
2코 고무뜨기
민트 그린 4호 바늘

목둘레 코 줄이기
2단마다 7코를 1회, 2단마다 3코를 1회 줄이면서 뜨고, 마지막에는 코를 줄이지 않고 그대로 2단을 뜬다.

뒤판은 6호 바늘을 사용해 배색무늬뜨기를 뜬다.

진동둘레 코 줄이기
2단마다 4코를 1회, 2단마다 2코를 1회, 2단마다 1코를 2회, 4단마다 1코를 1회 줄이면서 뜬다.

치수와 단수

윤곽선이 실선인 경우는 평면뜨기, 점선인 경우는 원통뜨기로 뜬다.

밑단은 4호 바늘을 사용해 민트 그린색 실로 2코 고무뜨기를 뜬다.

94코 시작코를 만든다.

뜨는 방향을 나타내는 화살표. 밑단에서 시작해 어깨 쪽으로 떠나간다.

뜨개 도안 보는 법

대바늘 뜨개 도안 보는 법

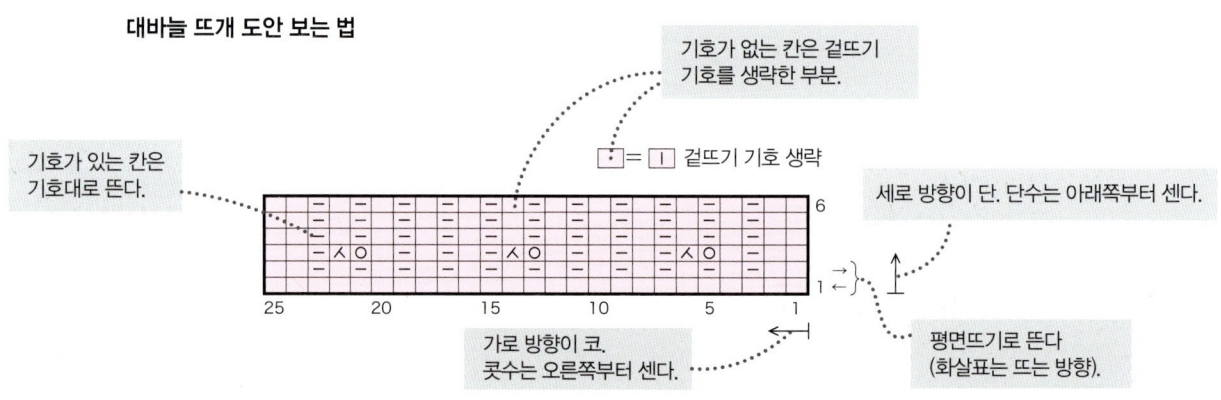

기호가 없는 칸은 겉뜨기 기호를 생략한 부분.

기호가 있는 칸은 기호대로 뜬다.

□ = ｜ 겉뜨기 기호 생략
6
1
25
20
15
10
5
1

세로 방향이 단. 단수는 아래쪽부터 센다.

가로 방향이 코. 콧수는 오른쪽부터 센다.

평면뜨기로 뜬다 (화살표는 뜨는 방향).

게이지에 관해서

게이지란 편물의 밀도로, 가로세로 10cm 안에 들어가는 콧수와 단수를 말합니다. 게이지는 뜨는 사람에 따라서 달라지기 때문에 지정된 실과 바늘을 사용해도 완성물의 크기가 달라질 수 있습니다. 반드시 시험 삼아 떠보고 게이지를 측정하도록 하세요.

자를 대고 측정한다
20cm
10cm
10cm
20cm

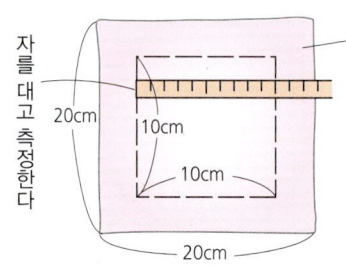

시험 삼아 뜬 편물

(편물의 가장자리와 가까운 부분은 코의 크기가 고르지 않으므로 가로세로 20cm로 뜹니다.)

편물의 코가 눌리지 않을 정도로 다리미를 이용해 가볍게 스팀을 쏘여준 다음 가운데 부분 가로세로 10cm의 콧수와 단수를 셉니다.

※ 책에 지정된 게이지보다 콧수, 단수가 많은 경우(촘촘한 경우)는 굵은 바늘로, 적은 경우(느슨한 경우)는 가는 바늘로 바꿔서 조절합니다.

평면뜨기와 원통뜨기

평면뜨기 대바늘 2개를 사용해 편물의 끝 쪽에서 끝 쪽으로, 겉쪽과 안쪽을 번갈아가며 보면서 1단씩 뜹니다.

뜨개 도안

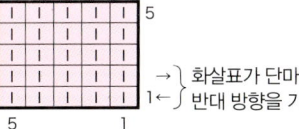 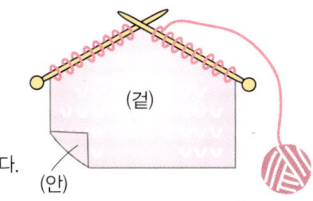

→ 화살표가 단마다
← 반대 방향을 가리킨다.

원통뜨기 대바늘 4개 중에 3개에 뜨개코를 나누어 걸고, 나머지 바늘로 계속 편물의 겉쪽을 보며 둥글게 돌아가며 원통으로 뜹니다.

뜨개 도안

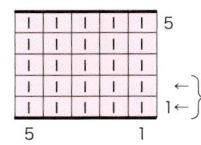 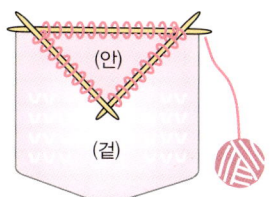

← 단마다 화살표가 같은
← 방향을 가리킨다.

작품을 예쁘게 마무리하는 포인트

다리미는 편물에 직접 닿지 않도록 조금 띄워서 스팀만 쏘여줍니다.
※ 다림질하기 전에 반드시 실 라벨에 적혀 있는 다림질 방법에 관한 표시를 확인하도록 하세요.

뜨개질이 끝난 편물은 꿰매 잇기 전에 각각 실 끝을 정리하고, 다림질을 하여 모양을 잡아줍니다.

● 실 끝 마무리하는 방법→47쪽

※ 자수나 스팽글은 다림질을 한 다음, 꿰매 잇기 전에 수를 놓거나 달아줍니다.

다림판 위에 편물의 안쪽이 위로 향하게 놓고, 군데군데 시침핀이나 포크 핀 등을 꽂아 다림판에 고정한다

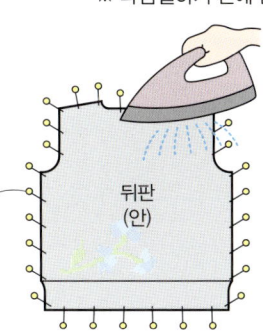   

대바늘 뜨개

기초 테크닉

시작코

일반적인 시작코

①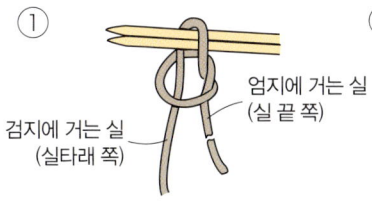

검지에 거는 실
(실타래 쪽)
엄지에 거는 실
(실 끝 쪽)

실 끝을 편물 너비의 3~4배 정도 남겨놓은 위치에서 고리를 만들고, 고리 안으로 실을 끌어내어 바늘 2개에 건다. 이것이 첫째 코가 된다.

②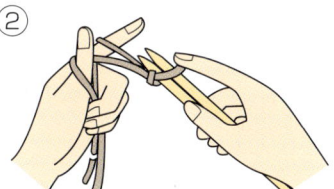

왼손 검지와 엄지에 실을 걸고, 나머지 손가락으로 실을 잡는다. 첫째 코를 오른손 검지로 눌러 잡는다.

③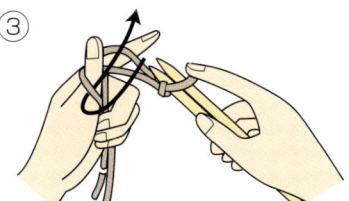

엄지의 바깥쪽 실에 화살표처럼 바늘을 넣어 건다.

④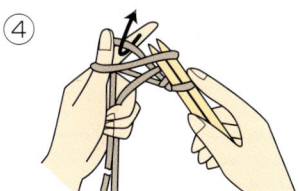

검지에 걸려 있는 실에 화살표처럼 바늘을 넣어 건다.

⑤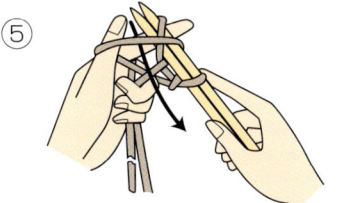

검지에 걸려 있는 실을 앞쪽으로 끌어당겨 엄지의 고리 안으로 끌어낸다.

⑥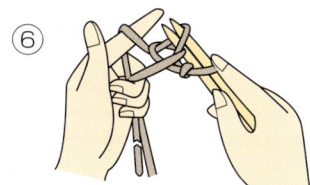

엄지에 걸려 있는 실을 뺀다.

⑦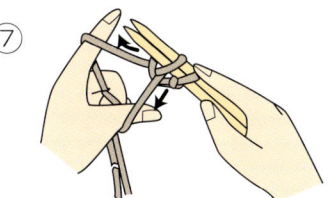

엄지에서 뺀 실에 안쪽에서 엄지를 걸어 실을 당겨 조인다. ③~⑦을 반복한다.

⑧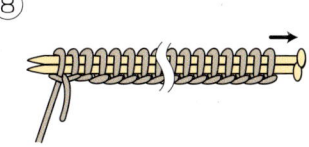

필요한 콧수를 만든 다음 바늘 1개를 빼낸다. 이 시작코를 1단으로 센다.

풀어내는 시작코

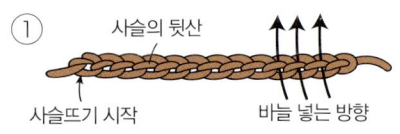

별도의 실로 사슬뜨기를 느슨하게 필요한 콧수보다 5코 정도 더 뜬다.

② 사슬의 뒷산에 바늘을 넣어 첫째 단을 뜬다.

③ 필요한 콧수를 뜬다. 이 시작코를 첫째 단으로 센다.

※ 풀어내는 시작코의 코 줍는 방법

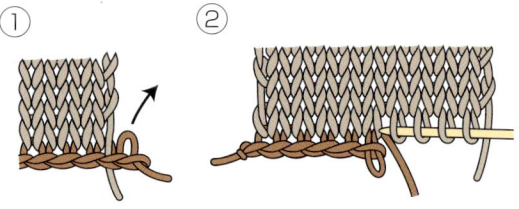

별도의 실로 뜬 사슬코를 풀어내면서 대바늘에 코를 옮긴다.

시작코를 원통으로 만들 때

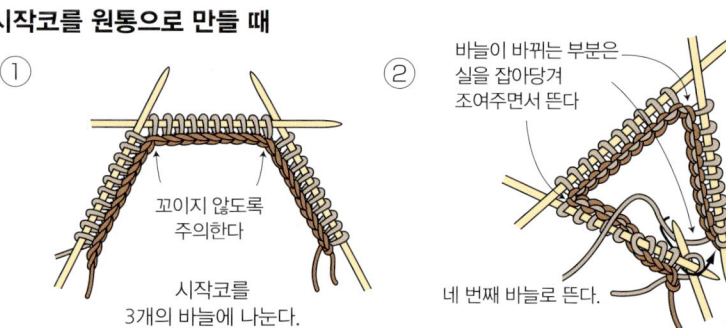

① 시작코를 3개의 바늘에 나눈다. 꼬이지 않도록 주의한다.

② 바늘이 바뀌는 부분은 실을 잡아당겨 조여주면서 뜬다. 네 번째 바늘로 뜬다.

(뜨개 기호)

| 겉뜨기

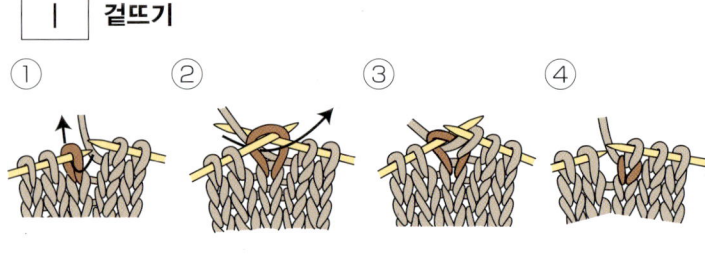

— 안뜨기

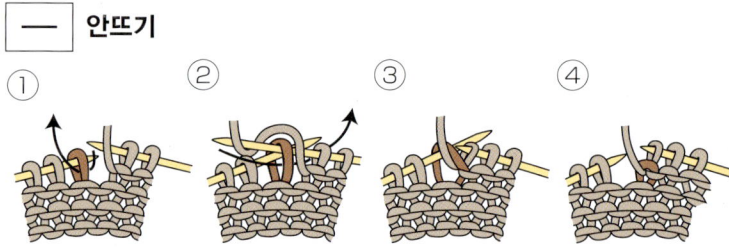

⋏ 오른코 겹쳐 2코 모아뜨기(오른코 겹치기)

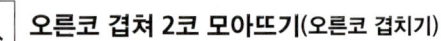
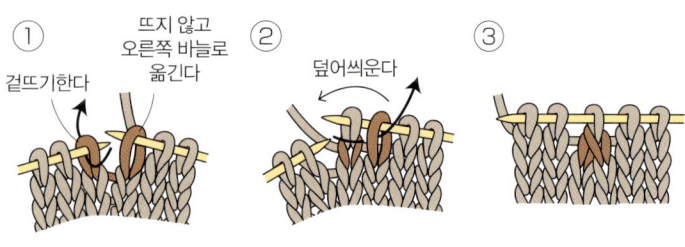

① 뜨지 않고 오른쪽 바늘로 옮긴다 / 겉뜨기한다
② 덮어씌운다
③

⋏ 왼코 겹쳐 2코 모아뜨기(왼코 겹치기)

⋏ 오른코 겹쳐 2코 모아 안뜨기

② 1과 2의 위치를 바꾼다

※ 안쪽을 보고 뜨는 단에서 ⋏ 를 뜰 때도 이 방법으로 뜬다.

⋏ 왼코 겹쳐 2코 모아 안뜨기

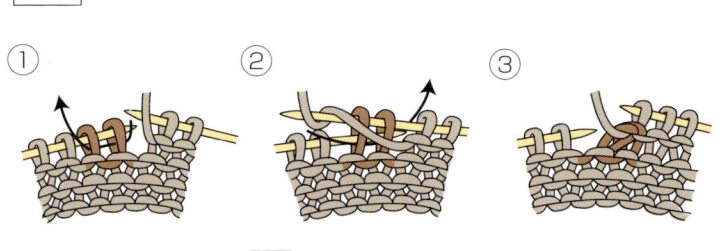

※ 안쪽을 보고 뜨는 단에서 ⋏ 를 뜰 때도 이 방법으로 뜬다.

돌려뜨기(꼬아뜨기)

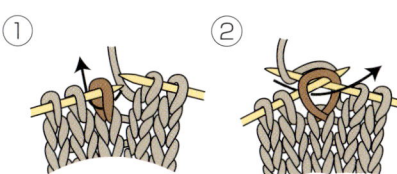

앞단의 코가 꼬이도록 바늘을 넣어 겉뜨기한다.

돌려뜨기로 코 늘리기

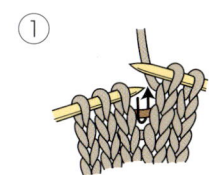

앞단의 가로로 걸쳐진 실을 끌어올리고, 끌어올린 실이 꼬이도록 바늘을 넣어 겉뜨기한다.

※돌려뜨기와 돌려뜨기로 코 늘리기는 같은 기호로 시합니다. 뜨개도 안에서 코가 늘어나면 돌려뜨기로 코 늘리기, 코가 늘어나지 않으면 돌려뜨기입니다.

○ 걸기코(바늘비우기)

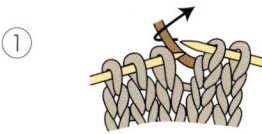

① 오른쪽 바늘에 화살표처럼 실을 건다.

② 실을 건 모습. 이렇게 건 실이 걸기코가 된다.

③ 다음 1코를 뜬 모습.

돌려 안뜨기

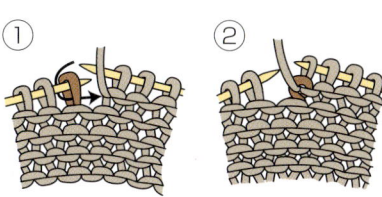

앞단의 코가 꼬이도록 바늘을 넣어 안뜨기한다.

돌려 안뜨기로 코 늘리기

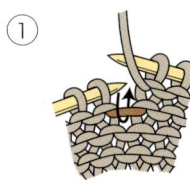 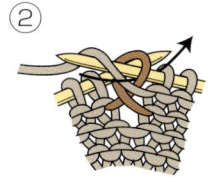

앞단의 가로로 걸쳐진 실을 끌어올리고, 끌어올린 실이 꼬이도록 바늘을 넣어 안뜨기한다.

V 걸러뜨기

끝 코일 때

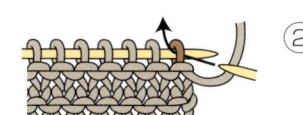 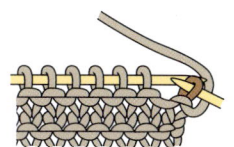

① 왼쪽 바늘에 걸려 있는 코에 오른쪽 바늘을 화살표처럼 넣어 뜨지 않고 옮긴다.

② 실을 뒤쪽으로 놓고, 다음 코를 뜬다.

중간 코 일 때

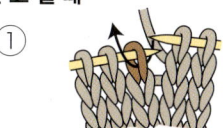 

① 오른쪽 바늘을 화살표처럼 왼쪽 바늘의 코에 넣어 뜨지 않고 옮긴다.

② 옮긴 코의 뒤쪽으로 실이 걸쳐진 걸러뜨기 완성.

| ○ ⌐ 왼코에 꿴 매듭뜨기(3코일 때)

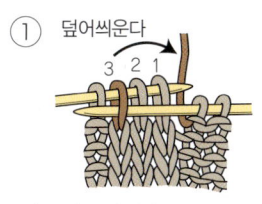 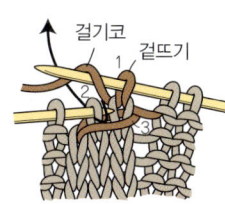 

① 3의 코에 그림처럼 오른쪽 바늘을 넣어 1, 2의 코에 덮어씌운다.

② 1의 코를 겉뜨기로 뜨고, 걸기코를 만든다.

③ 2의 코를 겉뜨기로 뜬다.

(배색무늬뜨기)

세로 배색뜨기…46쪽

가로 배색뜨기…51쪽

(코막기)

● 덮어씌워 코막기

덮어씌우기를 할 부분의 4~5배 길이의 실이 필요하다.

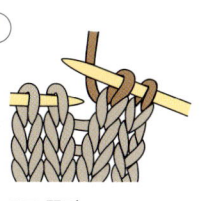  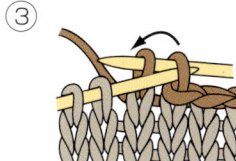 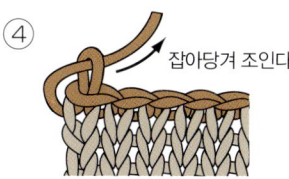

① 2코 뜬다.

② 첫째 코에 왼쪽 바늘을 넣어 둘째 코에 덮어씌운다.

③ '1코 뜨고, 앞 코로 덮어씌우기'를 반복한다.

④ 마지막 코에 실을 통과시켜 잡아당겨 조여준다.

되돌아뜨기(경사뜨기)

왼쪽 (왼쪽의 되돌아뜨기는 겉쪽을 뜨는 단에서 코를 남긴다)

[예]
4코평
2-4-3 되돌아뜨기
단 코 회

①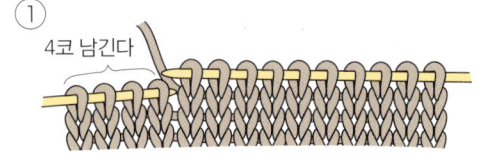
4코 남긴다
겉쪽 단 끝에서 4코를 뜨지 않고 남긴다.

②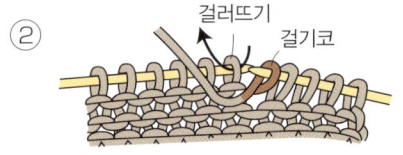
걸러뜨기 걸기코
안쪽으로 뒤집어 걸기코를 만든 다음 1코 걸러뜨기를 하고, 나머지는 도안대로 뜬다.

③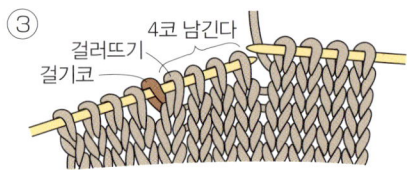
걸러뜨기 걸기코 4코 남긴다
겉쪽으로 뒤집어 앞단의 걸러뜨기를 포함하여 4코를 뜨지 않고 남긴다.

④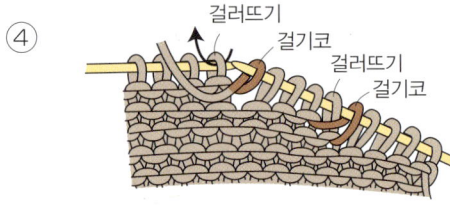
걸러뜨기 걸기코 걸러뜨기 걸기코
②③을 반복한다.

⑤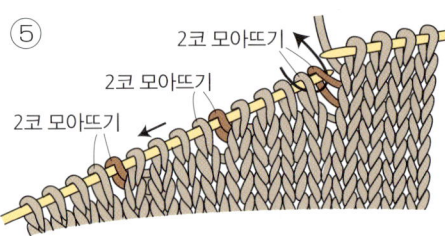
2코 모아뜨기 2코 모아뜨기 2코 모아뜨기
단 정리를 한다. 걸기코와 다음 코를 2코 모아뜨기로 뜬다.

⑥
완성된 상태를 안쪽에서 본 모습.

오른쪽 (오른쪽의 되돌아뜨기는 안쪽을 뜨는 단에서 코를 남긴다)

[예]
4코평
2-4-3 되돌아뜨기
단 코 회

①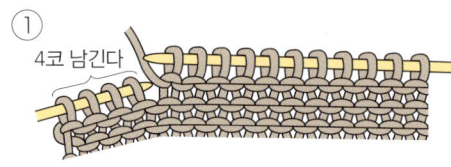
4코 남긴다
안쪽 단 끝에서 4코를 뜨지 않고 남긴다.

②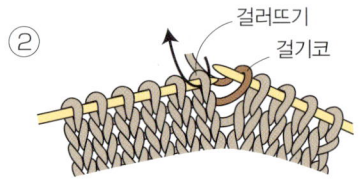
걸러뜨기 걸기코
겉쪽으로 뒤집어 걸기코를 만든 다음 1코 걸러뜨기를 하고, 나머지는 도안대로 뜬다.

③
걸러뜨기 걸기코 4코 남긴다
안쪽으로 뒤집어 앞단의 걸러뜨기를 포함하여 4코를 뜨지 않고 남긴다.

④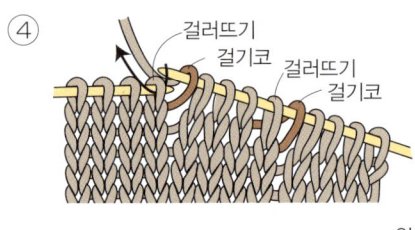
걸러뜨기 걸기코 걸러뜨기 걸기코
②③을 반복한다.

⑤
위치를 바꿔 2코 모아뜨기
위치를 바꿔 2코 모아뜨기
단 정리를 한다. 걸기코와 왼쪽 코의 위치를 바꿔 2코 모아뜨기로 뜬다.

뜨개코 위치 바꾸는 방법

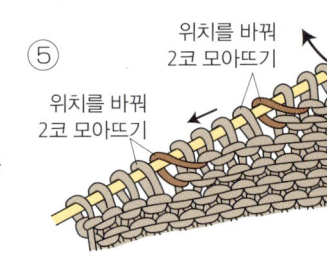

오른쪽 바늘을 화살표처럼 넣어 2코를 뜨지 않고 옮긴다. → 왼쪽 바늘을 화살표처럼 넣어 2코를 다시 옮긴다.

⑥
완성된 상태를 안쪽에서 본 모습.

(암워머 (54 쪽 H) 엄지손가락 위치 뜨는 방법)

①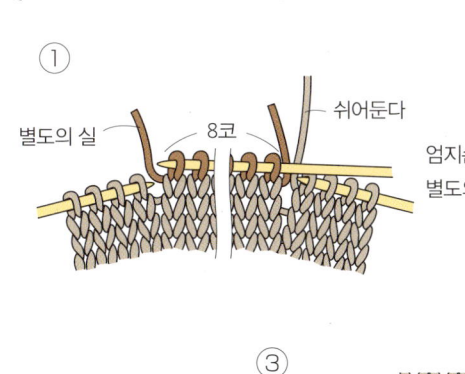
별도의 실 8코 쉬어둔다
엄지손가락 위치에 별도의 실로 떠 넣는다.

②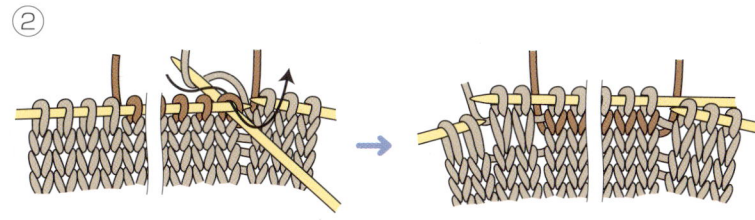
별도의 실로 뜬 코를 왼쪽 바늘에 다시 옮기고, 쉬어둔 실로 다시 한 번 뜬다.

③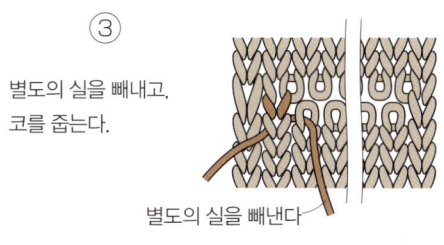
별도의 실을 빼내고, 코를 줍는다.
별도의 실을 빼낸다

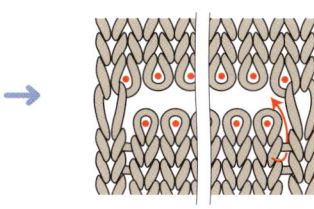
● = 코 줍는 위치
↑ = 코와 코 사이의 실을 돌려뜨기로 코 늘리기 방법으로 뜬다

(꿰매 잇기)

떠서 꿰매기
끝에서 1코 안쪽을 1단씩 떠서 꿰맨다.

①  ②  ③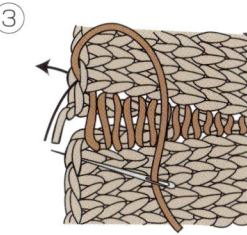

메리야스 잇기
이은 코가 겉뜨기가 되도록 느슨하게 잇는다. 마지막 단이 덮어씌워 코막음되어 있는 경우에도 마지막 단의 코에 같은 방법으로 바늘을 넣는다. 시작코의 경우에도 같은 방법으로 잇는다.

① 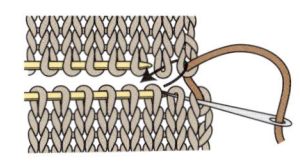 ② 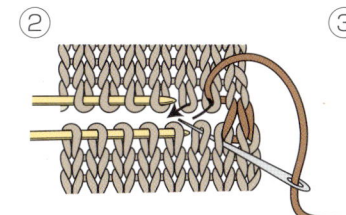 ③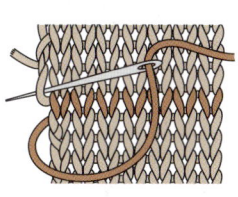

코와 단 잇기
코는 메리야스 잇기 방법으로, 단은 떠서 꿰매기 방법으로 번갈아가며 바늘을 넣는다.
코가 덮어씌워 코막음되어 있는 경우에도 같은 방법으로 바늘을 넣는다.

① 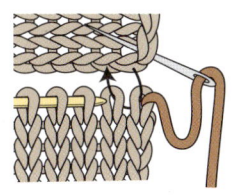 ② 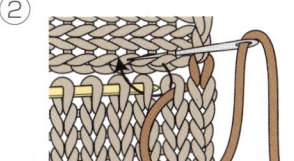 ③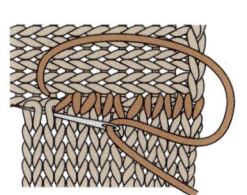

빼뜨기 잇기
2개의 편물을 겉끼리 맞대고, 1코씩 코바늘에 옮긴 다음 실을 걸어 한 번에 빼낸다.

① 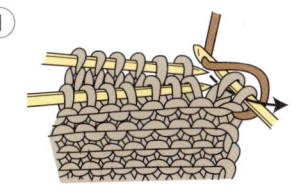 ② 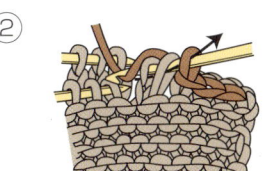 ③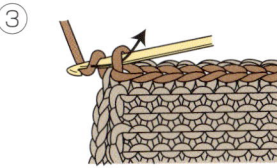

소매 다는 방법 — 빼뜨기로 달 때

①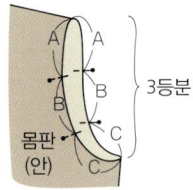

몸판을 안쪽으로 뒤집고, 소매를 속에 넣어 안에서 겉끼리 맞닿도록 놓은 다음 겨드랑이와 소매 옆선, 어깨와 소매산을 맞대어 시침핀을 꽂는다. 그리고 다시 앞뒤로 3등분한 위치에 시침핀을 꽂는다.

②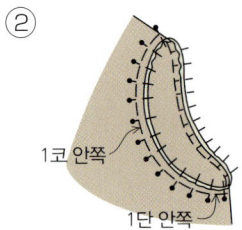

그 사이에 다시 촘촘히 시침핀을 꽂는다.

③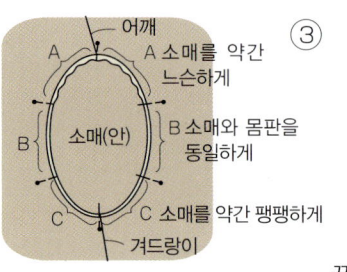

끝에서 1코 안쪽에 코바늘을 넣고 실을 걸어 한 번에 2장을 통과해 바늘을 빼낸다.

코바늘뜨기

시작코

사슬뜨기 시작코

①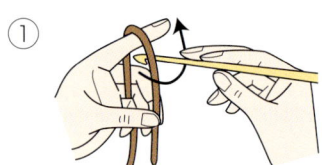

코바늘을 실의 뒤쪽에 대고, 화살표처럼 코바늘을 한 바퀴 돌린다.

②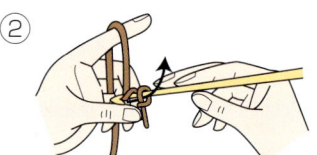

코바늘에 실이 감긴다. 감긴 실의 밑부분을 왼손으로 잡고, 코바늘에 실을 걸어 빼낸다.

③

코바늘에 실을 걸어 빼낸다.

④

같은 방법으로 반복해서 뜬다.

뜨개 기호

⭕ 사슬뜨기

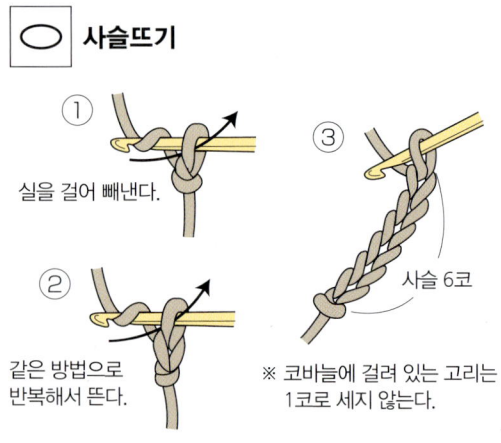

① 실을 걸어 빼낸다.
② 같은 방법으로 반복해서 뜬다.
③ 사슬 6코
※ 코바늘에 걸려 있는 고리는 1코로 세지 않는다.

● 빼뜨기

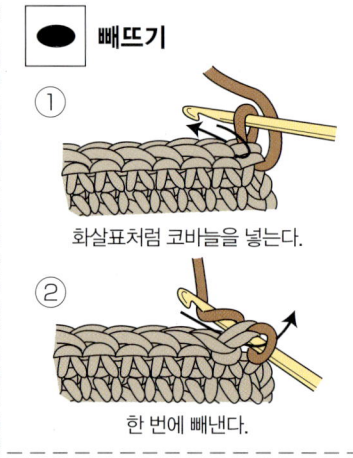

① 화살표처럼 코바늘을 넣는다.
② 한 번에 빼낸다.

✕ 짧은뜨기

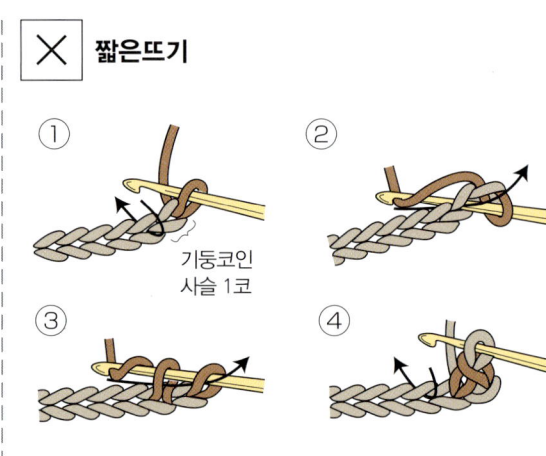

① ② 기둥코인 사슬 1코
③ ④

⩔ 짧은뜨기 2코 늘려뜨기

①

짧은뜨기를 1코 뜬다.

②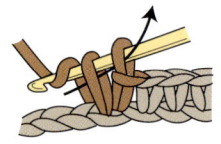

같은 코에 짧은뜨기를 1코 더 떠 넣는다.

③

1코가 2코로 늘어났다.

※ 같은 방법으로 ⩔는 짧은뜨기 3코를 같은 코에 떠 넣는다.

짧은뜨기 2코 모아뜨기

① 미완성 짧은뜨기를 2코 뜬다.

② 한 번에 빼낸다.
※'미완성'이란, 한 번 더 빼내면 뜨개코가 완성되는 상태를 말합니다.

③ 2코가 1코로 줄었다.

※ 같은 방법으로 ()는 미완성 짧은뜨기 3코를 한 번에 빼낸다.

 되돌아 짧은뜨기

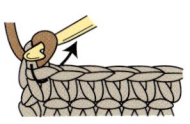 ①
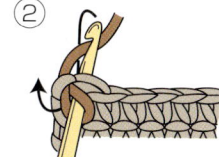 ②
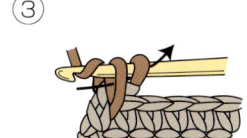 ③
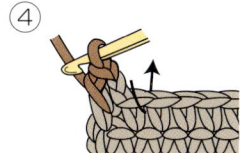 ④
 ⑤

그 밖의 기초 테크닉

(손바느질 기법)

감침질
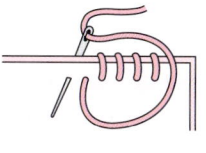

공그르기
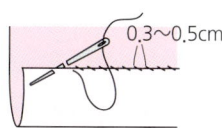
 0.3~0.5cm

홈질
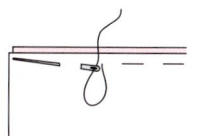

(단추 다는 방법)

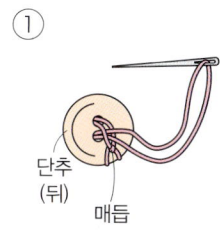
① 단추(뒤), 매듭

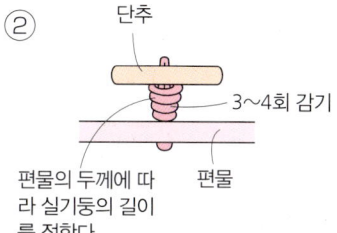
② 단추, 3~4회 감기, 편물의 두께에 따라 실기둥의 길이를 정한다, 편물

(자수 놓는 방법)

스트레이트 스티치

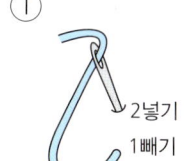
① 2넣기, 1빼기

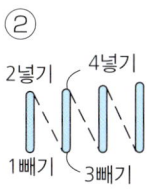
② 2넣기, 4넣기, 1빼기, 3빼기

아우트라인 스티치

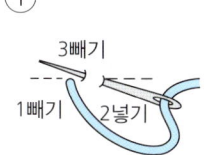
① 3빼기, 1빼기, 2넣기

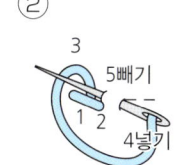
② 3, 5빼기, 1 2, 4넣기

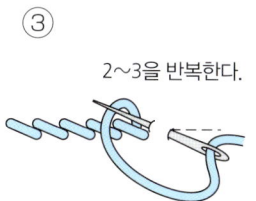
③ 2~3을 반복한다.

(실 가닥 나누는 법) … 78쪽

새틴 스티치

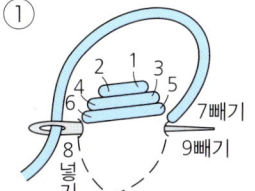
① 2 1 3 5, 4 6, 7빼기, 8넣기, 9빼기

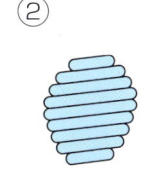
②

체인 스티치

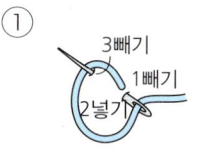
① 3빼기, 1빼기, 2넣기
2는 1과 같은 위치에 바늘을 넣는다.

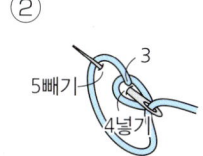
② 3, 5빼기, 4넣기

③ 2~3을 반복한다.

[한국과 일본 대바늘 호수 비교]

코바늘 호수는 일본과 한국이 동일하나
대바늘 호수에는 차이가 있으니 아래의 표를 참고해주세요.

한국	일본	미국
2mm	0호(2.0mm)	0호(2.00mm)
		1호(2.25mm)
2.5mm	1호(2.4mm)	2.50mm
	2호(2.7mm)	2호(2.75mm)
3.0mm	3호(3.0mm)	3.00mm
	4호(3.3mm)	3호(3.25mm)
3.5mm	5호(3.6mm)	4호(3.50mm)
	6호(3.9mm)	5호(3.75mm)
4mm	7호(4.2mm)	4.00mm
4.5mm	8호(4.5mm)	7호(4.50mm)
5mm	10호(5.1mm)	8호(5.00mm)
5.5mm	11호(5.4mm)	9호(5.50mm)
6mm	13호(6.0mm)	10호(6.00mm)
	15호(6.6mm)	10.5호(6.50mm)
7mm	7.0mm	7.00mm
		7.50mm
8mm	8.0mm	11호(8.00mm)
		13호(9.00mm)
10mm	10.0mm	15호(10.00mm)

* 출처 : 한국손뜨개협회

누구나 쉽게 따라 하는
니트 손뜨개

초판 1쇄 발행일 2020년 11월 16일
초판 5쇄 발행일 2023년 11월 15일

지은이 도카이 에리카
옮긴이 방현희

발행인 윤호권
사업총괄 정유한

편집 정인경 **디자인** 박지은
발행처 ㈜시공사 **주소** 서울시 성동구 상원1길 22, 6-8층(우편번호 04779)
대표전화 02-3486-6877 **팩스(주문)** 02-585-1755
홈페이지 www.sigongsa.com / www.sigongjunior.com

글 ⓒ 도카이 에리카 2020

이 책의 출판권은 ㈜시공사에 있습니다. 저작권법에 의해
한국 내에서 보호받는 저작물이므로 무단 전재와 무단 복제를 금합니다.

ISBN 979-11-6579-272-5 13590

*시공사는 더 나은 내일을 함께 만들 여러분의 소중한 의견을 기다립니다.
*미호는 아름답고 기분 좋은 책을 만드는 ㈜시공사의 실용 브랜드입니다.
*잘못 만들어진 책은 구입하신 곳에서 바꾸어 드립니다.

WEPUB 원스톱 출판 투고 플랫폼 '위펍' __wepub.kr

위펍은 다양한 콘텐츠 발굴과 확장의 기회를 높여주는
시공사의 출판IP 투고·매칭 플랫폼입니다.